Gedichte der Jahrhundertwende (1890–1910)

Interpretationen von
Thomas Gräff

Oldenbourg

CIP-Titelaufnahme der Deutschen Bibliothek

Gräff, Thomas:
Gedichte der Jahrhundertwende : (1890–1910) ;
Interpretationen / von Thomas Gräff. – 1. Aufl. – München ;
Wien : Oldenbourg, 1991
(Oldenbourg-Interpretationen ; Bd. 49)
ISBN 3-486-88648-7
NE: GT

1. Auflage 1991
Unveränderter Nachdruck 96 95 94 93 92 91

Die letzte Ziffer bezeichnet das Jahr des Drucks.

Lektorat: Ruth Bornefeld
Herstellung: Gabriele Jaroschka
Umschlaggestaltung: Klaus Hentschke
Gesamtherstellung: R. Oldenbourg, Graph. Betriebe GmbH, München

ISBN: 3-486-**88648**-7

Inhalt

1
Zu Zielsetzung und Anlage

Fast mehr Interpretationen als jedes literarische Werk hat der Begriff „Interpretation" erfahren. Die Bedeutungen, die dabei dem Begriff zugemessen werden, reichen von Interpretieren als Kunst bis hin zur philosophischen Kategorie Interpretation als Grundhaltung des Daseins. Entsprechend den unterschiedlichen Gegenständen der Interpretation hat diese auch verschiedene Aufgaben und Zielsetzungen.

Wenn man Jürgen Links Kennzeichnung des lyrischen Gedichts als „Paradigma des überstrukturierten Textes"[1] zustimmt, ergibt sich daraus, daß das Gedicht durch sein hohes Maß an struktureller Dichte besondere Anforderungen an den Interpreten stellt. Wenn das Gedicht seine Besonderheit aus dem so umschriebenen Unterschied zur Normalsprache gewinnt, muß diese Differenz zwischen poetischer und Normalsprache Grundlage der Analyse, Beschreibung und Interpretation sein. Alle interpretierenden Erkenntnisse über die Textaussage müssen aus der strukturellen Beschaffenheit des Textes heraus gewonnen sein und auf diese zurückgeführt werden können.

Doch bildet die sprachliche Analyse nur den ersten Teil einer umfassenden Interpretation eines literarischen Textes. Insbesondere Texte aus vergangenen literarischen Epochen müssen darüber hinaus historisch interpretiert werden. Der allgemeine politische und soziale Hintergrund der Entstehungszeit hat den Autor und sein Weltbild geprägt; literarische Texte stehen stets in literarischen und kulturellen Traditionen und im Kontext des literarischen und künstlerischen Schaffens ihrer Zeit. Diese Hintergründe scheinen im literarischen Text durch und verleihen diesem seine spezifische Bedeutung. Durch den Bezug des literarischen Werks auf seinen „historischen Horizont" (Gadamer) muß der Interpret von seinem eigenen „historischen Horizont" aus mit dem Werk in einen Dialog treten, der sowohl den Horizont des Werks wie auch den des Interpreten erhellen kann.

In den 90er Jahren des 20. Jahrhunderts leben wir in einer Epoche, die womöglich einmal nicht nur als Jahrhundert-, sondern sogar als Jahrtausendwende tituliert werden wird. Nicht zuletzt wegen der deshalb möglichen Parallelen sollte die nunmehr ein Jahrhundert zurückliegende Epoche unser Interesse in ganz besonderem Maße finden.

Die beiden Jahrzehnte um 1900 sind eine große lyrische Epoche. Viele Dichter und Texte von überragender Bedeutung haben sie zu einer solchen werden lassen. Von einem gemeinsamen Hintergrund gehen aber konträre literarische Strömungen aus, die gleichzeitig und gleichberechtigt nebeneinander existieren. Eine Einheitlichkeit läßt sich nur schwer definieren.

Die Zeit der Wende vom 19. ins 20. Jahrhundert weist einerseits eine große Gruppe ästhetisch motivierter Gedichte auf, die dem Leser den Zugang nicht leicht machen. Die andererseits eher politisch-agitatorischen oder gar kabarettistisch-bänkelsängerischen Texte sprechen deutlicher für sich.

Um die Jahrhundertwende verwendete man gern das Bild des Teppichs als Symbol für das Leben. Genauso verwoben, wie das Leben gesehen wurde, stellt sich auch das literarische Schaffen der Zeit dar. Polare Ausprägungen lassen sich benennen, Stiltendenzen skizzieren, doch eindeutige Zuordnungen der Autoren und Werke zu literarischen Strömungen haben meist nur heuristischen Wert. Eine Textauswahl aus diesem überaus reichen lyrischen Schaffen muß daher mit epochentypischen Werken die ganze stilistische und thematische Breite lyrischen Schaffens versuchen zu verdeutlichen. Literarisch hochstehende Werke gehören von vornherein in eine solche Auswahl. Doch auch auf weniger bedeutsame Werke, die den Publikumsgeschmack der Zeit dokumentieren, kann nicht verzichtet werden. Letztlich spiegelt eine solche Auswahl trotz wohlüberlegter Begründungen auch die ganz persönlichen Vorlieben des Auswählenden.

Die Gedichttexte wurden in motivisch-thematischen Gruppen ausgewählt und angeordnet. Solch eine Konfrontation verschiedener Texte setzt den einzelnen Text in den literarhistorischen Kontext und kann die Eigenart des einzelnen Textes anschaulich verdeutlichen. Die thematische Gemeinsamkeit der Texte wirft ein Licht auf die Situation der Dichter in ihrer Zeit, auf die Fragen, die sie vorrangig interessierten und auf die sie Antworten suchten. Trotz der Unterschiedlichkeiten der individuellen Antworten weist die grundsätzliche Gemeinsamkeit jedoch auf einen Charakterzug der Epoche hin. Das Profil der Epoche wurde in dem einleitenden Kapitel grob skizziert.

Leicht ließen sich die hier zusammengestellten Gedichte zu alternativen Gruppierungen zusammenfügen oder andere Gedichte im gleichen Sinne an die Stelle der hier ausgewählten stellen. Auf gedankliche Bezüge zwischen den Gedichten über die hier vorgenommene Gruppierung hinaus wird in einzelnen Interpretationen hingewiesen. Die Interpretationen werden durch knappe biographische Hinweise ergänzt, um das Gedicht in den Zusammenhang der Lebensgeschichte des Autors zu stellen. Sofern diese Biographien nicht zwingend zur einzelnen Interpretation gehören, sind sie bei dem in diesem Band jeweils ersten Gedicht eines Autors in einer Zusammenfassung zu finden.

2
Die Zeit der Jahrhundertwende

Ich lebe grad, da das Jahrhundert geht.
Man fühlt den Wind von einem großen Blatt,
das Gott und du und ich beschrieben hat
und das sich hoch in fremden Händen dreht.

Man fühlt den Glanz von einer neuen Seite,
auf der noch alles werden kann.[2]

Rainer Maria Rilke faßt in seinem Gedicht aus dem Zyklus *Das Stunden -Buch* das besondere Bewußtsein einer Zeitenwende, das solche magischen Jahreszahlen wie Jahrhundertwenden in den Menschen der Zeit stets wachrufen, in ein Bild. In der Rückschau nimmt man die Inventur des scheidenden Jahrhunderts vor, gleichzeitig sind die Gedanken erwartungsvoll in die Zukunft auf die Fragen gerichtet, wie das kommende Jahrhundert charakterisiert sein wird und wie man zu dessen besonderer Prägung beitragen könnte.

Die in solchen Epochen häufig anzutreffende ambivalente Geisteslage, die zwischen Untergangsstimmung und Aufbruchseuphorie schwankt, kennzeichnet auch die Zeit des Übergangs ins 20. Jahrhundert. Die Januarausgabe der Zeitschrift *Die Jugend* zeigte im Jahr 1900 auf ihrer Titelseite den in die Vergangenheit und in die Zukunft blickenden Januskopf. Der dem neuen Jahrhundert zugewandte, jugendliche Teil hat einen erwartungsvollen, der dem alten Jahrhundert zugewandte, ältere Teil einen müden Gesichtsausdruck.[3]

Die Intellektuellen der Zeit lebten in dem Bewußtsein, eine Zeit der Krise zu erleben. An der Gegenwart kritisierten sie Züge, deren Wurzeln sie in der Vergangenheit erkannten. Um diese Merkmale zu überwinden und in der Zukunft zu vermeiden, entwarfen sie Programme, in denen Kunst und Literatur eine wichtige Rolle spielen sollten.

In den verschiedenen Bereichen der Gesellschaft und Kultur vollzogen sich in der Zeit der Jahrhundertwende die Wandlungen, die unsere moderne Zeit prägen. Die Beschäftigung mit dieser Epoche kann für das Verständnis der heutigen förderlich sein.

2.1 Voraussetzungen und Hintergründe

Im 19. Jahrhundert hatte die wissenschaftliche Welterkundung und Welterklärung die „Entzauberung der Welt“ (Max Weber[4]) weit vorangetrieben. Die Erfolge in der Naturerforschung führten zu einer allgemeinen Hochschätzung der Tatsachenforschung und zu einer Geringschätzung der religiösen und philosophischen Spekulation.

Die Philosophie des Positivismus (vgl. z. B. Auguste Comte[5]) lehnte metaphysische Standpunkte und Begründungen ab und erkannte allein erfahrbare Tatsachen als Grundlage für philosophisches Denken an. Charles Darwin (1809–82) lehrte in seiner Evolutionstheorie die Abstammung des Menschen vom Affen, wodurch an die Stelle der religiösen Lehrmeinung von der Gottgleichheit des Menschen eine wissenschaftliche Theorie gesetzt wurde. Der deutsche Darwin-Schüler Ernst Haeckel (1834–1919) bekannte sich in seinem weit verbreiteten populärphilosophischen Buch *Die Welträtsel* zu einem Monismus, der die von der christlichen Weltanschauung behauptete Dualität von Natur und Geist bestreitet. Der Mensch wird hierin nicht mehr als der Natur gegenüberstehend und überlegen anerkannt, sondern als Bestandteil derselben angesehen. Gott und die Welt verschmelzen.

Der materialistisch orientierte deutsche Philosoph Ludwig Feuerbach (1804–72) erklärte die Religion zur Illusion der Menschen, und Karl Marx (1818–83) sah im Zusammenhang mit seiner Klassenkampf-Theorie in der Religion das ‚Opium des Volkes‘. Diese geistige Entwicklung kulminierte in Friedrich Nietzsches (1844–1900) Proklamation: „Gott ist tot!“.

Die naturwissenschaftliche Forschung fand viele Erklärungsmöglichkeiten für bislang nicht nachweisbare Phänomene der Natur. Mit Soziologie und Psychologie entstanden neue Wissenschaften. Sigmund Freuds (1855–1939) Theorie der Psychoanalyse versuchte sich an der Erklärung und Deutung des menschlichen Verhaltens durch das Modell des Unbewußten und die Analysen der tiefsten seelischen Schichten im Menschen (*Die Traumdeutung*, 1900). Bezeichnend für diese Tendenzen ist Freuds Benennung innerer Vorgänge in der menschlichen Psyche als eines „psychischen Apparates“.

Max Weber hat analysiert, daß der Sieg der technisch-wissenschaftlichen Weltdeutung, der Rationalität im Alltag nicht in das seit der Aufklärung erstrebte Vernunftreich führte, sondern neue Fluchtbewegungen in Bereiche jenseits der Vernunft und Rationalität auslöste.[6]

Die technische Anwendung naturwissenschaftlicher Erkenntnisse veränderte das Gesicht der Welt: Die neu entstehenden Kommunikationsmedien wie Telefon, Telegraph, Radio und Film, Massenmedien wie die Zeitungen mit ihren steigenden Auflagenzahlen sowie leistungsfähigere Verkehrsmittel wie Auto und Flugzeug ließen die Teile der Welt näher zusammenrücken; Fotographie, Drucktechnik und das Verfahren der Schallaufzeichnung (Phonograph) veränderten das Kunstverständnis; Maschinen ermöglichten und erweiterten den rapiden Ausbau der industriellen Fertigung.

Die Industriebetriebe vergrößerten sich und wurden zu Konzernen zusammengeschlossen (Krupp, Siemens, AEG). Der Hochkapitalismus begann die Wirtschaft zu beherrschen. Die in der Folge der Industrialisierung verarmte Landbevölkerung zog in die Städte, wo die Industrieunternehmen Arbeit boten. Berlin verzehnfachte zwischen 1850 und 1910 seine Bevölkerung von 400000 auf 4 Millionen Menschen. Um die Jahrhundertwende lebte die Mehrheit der deutschen Bevölkerung in Städten. Die Versorgung und Verwaltung solcher Bevölkerungsmassen erforderte eine erweiterte und differenzierte Bürokratie, die später nicht zuletzt aufgrund der Eigendynamik und Eigengesetzlichkeit, die sie entwickelte, als übermächtig oder gar bedrohlich empfunden wurde. Der Schritt zu Massenstaat und Anonymisierung war endgültig vollzogen. Die neuen Erfahrungsräume der Menschen (z.B. die Großstadt) wurden gleichzeitig als bedrükkend und als förderlich empfunden. Fortschrittsbegeisterung und Agrarromantik begegneten sich.

Durch das enge Beieinander in den Städten wurden die sozialen Kontraste deutlich sichtbar; Slumviertel der Arbeiter kontrastierten mit den Wohnvierteln der wohlhabenderen Beamten, Angestellten und Unternehmer. Die sozialen Gegensätze führten zu häufigen Arbeitskämpfen, deren Ziel die Verbesserung der Lebensbedingungen der unterprivilegierten Schichten war, wozu auch die Arbeitszeitverkürzung gehörte.

Im ersten Teil des 19. Jahrhunderts waren immer wieder die Versuche des erstarkenden Bürgertums gescheitert, einen größeren politischen Einfluß zu gewinnen und das zersplitterte Deutschland zu einem zusammenhängenden Staat zusammenzuschließen. Erst nach der Reichsgründung 1871 verwirklichte sich dieser Wunsch zum Teil. Deutschland wurde unter der Regierung eines Kaisers zu einem international konkurrenzfähigen Staat vereint. Deutschland als Nationalstaat verzeichnete einen deutlichen Machtzuwachs – nach innen und außen.

Die Möglichkeit der politischen Einflußnahme war im Kaiserreich beschränkt. Auf die zunehmende Arbeiterbewegung mit den Gewerkschaften und sozialistischen Parteien reagierte der autoritär regierende Reichskanzler Otto von Bismarck (1815–1898) zwar mit einer staatlichen Sozialpolitik (Sozialversicherung), doch unterband er den weiteren Einfluß sozialistischer Bestrebungen durch die Sozialistengesetze.

Kaiser Wilhelm II. (Amtszeit: 1888–1918) verfolgte selbstherrlich sein Konzept einer ehrgeizigen und großspurigen Machtpolitik, die später unaufhaltsam in den Ersten Weltkrieg führte. Außenpolitisch verfolgte er einen imperialistischen Kurs, indem er sich in der internationalen Kolonialpolitik engagierte, um damit auch die erstarkende deutsche Wirtschaft zu fördern. Innenpolitisch waren massive Eingriffe des Staates in die Gesellschaft zu beobachten. Folglich war die Einstellung der Bürger dem Staat gegenüber zwiespältig: Einerseits machte sich wegen des zurückliegenden Scheiterns revolutionärer Versuche und der autoritären Politik Bismarcks und des Kaisers, die im Grunde jede Einflußnahme abwehrte, Staatsverdrossenheit in Verbindung mit Desinteresse breit. Andererseits zeitigten aber der wirtschaftliche Aufschwung und das Erstarken Deutschlands als politische Macht, was sich auch im militärischen Erfolg im Deutsch-Französischen Krieg (1870/71) ausdrückte, eine chauvinistische Stimmung, die durch die markigen Sprüche des Kaisers zusätzlich angeheizt wurde.

Deutschland war im ersten Teil des 19. Jahrhunderts provinziell geprägt. Durch die Zentralisierung in den zu Weltstädten und Wirtschaftszentren sich entwickelnden Metropolen bildete sich eine gewisse Weltläufigkeit aus. Der Adel büßte zunehmend die wirtschaftliche und gesellschaftliche Bedeutung ein, und damit verloren auch die geistigen Kompetenzen, Werte und Traditionen, für die er stand, an Bedeutung. An seiner Stelle übernahm das Großbürgertum – darunter viele, die durch den raschen Aufschwung der Industrie schnell zu Reichtum gekommen waren – die Rolle der maßgeblichen gesellschaftlichen Schicht.

Doch vielen von ihnen, insbesondere den Neureichen, fehlten das geistige Niveau und die gesellschaftliche und kulturelle Bildung, die einen Teil des Adels auszeichneten. Man übernahm im Privaten die prunkvollen, selbstherrlichen, auf Repräsentation gerichteten Attitüden des Kaisers.

> Dieses Bedürfnis kennzeichnet überhaupt jene Zeit, die seit den Gründerjahren auf allzu schnellen Ausbau der politischen und wirtschaftlichen Macht gerichtet war. Der vehemente Aufstieg wurde zum guten Teil getragen von bescheidenen Bürgern, die in der Stille kleiner Städte ein provinziell begrenztes, philiströses Dasein geführt hatten. Wenn sie jetzt als Fabrikanten in größeren Städten rasch zu Ansehen gelangten, so bauten sie ihre Häuser dreimal größer, als sie sie brauchten und von innen her ausfüllen konnten. Die Leere suchten sie zu verbergen, durch die pedantisch nachgeahmten Bauformen und Zierformen vergangener Zeiten.[7]

Kunst wurde zum kostbaren Dekor, das man sich eben leisten konnte, und diente damit zur Demonstration von Wohlstand. Hatten früher noch Dichter und Denker als geistige Leitbilder fungiert, trat nun das des technisch interessierten Kaufmanns an deren Stelle.

Der Lesemarkt expandierte. Etwa 90 % der deutschen Bevölkerung konnten inzwischen lesen. Leihbibliotheken, Familienzeitschriften und Heftchenreihen stellten mengenmäßig ausreichend Lesematerial zur Verfügung. Doch das Lesepublikum blieb weitgehend bürgerlich, aufstrebende Arbeiter orientierten sich am bürgerlichen Geschmack. Für moderne Literatur interessierte sich das breite Lesepublikum nur wenig, die anspruchsvolle Literatur wurde nicht von einem breiten Publikum gelesen. Populär waren historische Romane wie Felix Dahns *Ein Kampf um Rom* und die sogenannte Heimatkunst, deren bekanntester Vertreter Ludwig Ganghofer (*Das Schweigen im Walde* u.a.) der erklärte Lieblingsautor des Kaisers war.

Die soldatisch-schneidige Sprache des Kaisers diente weiten Bevölkerungskreisen als Vorbild; er selbst scheute sich trotz seiner Halbbildung nicht, seinen Kunstgeschmack zum Maßstab zu erheben: „Eine Kunst, die sich über die von mir bezeichneten Gesetze und Schranken hinwegsetzt, ist keine Kunst mehr.“[8] Literaten und Kritiker reagierten darauf einerseits mit Kritik, die sich in Form von Satire[9] oder Spott artikulierte. Die Staatsmacht reagierte mit Zensurmaßnahmen, und mehr als ein Dichter mußte sich aufgrund der seinen literarischen Äußerungen vorgeworfenen Majestätsbeleidigung nicht nur vor Gericht verantworten, sondern sogar Gefängnisstrafen verbüßen. Andererseits aber grenzten sich die Dichter auch bewußt von dem als dumm und unsensibel eingeschätzten breiten Publikum ab und schrieben nur für ein begrenztes:

> Als soziale Institution, als Medium gesellschaftlicher Bewußtseinsbildung war nämlich die Kunst – die Literatur zumal – marginal geworden, zur dekorativen Randerscheinung degradiert. Damit verbunden war die soziale Isolation des Künstlers, der sich vom Lebensprozeß der Gesellschaft ausgeschlossen sieht, ihn seinerseits negativ setzt, weil er in ihm nur ein ungestaltes Lärmen wahrzunehmen vermag, die Erfahrung der Isolation demzufolge positiv umwertet, indem er der Kunstsphäre aristokratische Würde attestiert bzw. dem Künstler eine gleichsam biologische Besonderung der Normalität gegenüber, die ihn nicht minder auszeichnet als stigmatisiert. Das historische „Wert-Vakuum“ (Broch) wird insofern nicht wie in der Repräsentations- und Dekorationskunst eines Makart, durch Kunstübung aufgefüllt, die es zugleich verdecken sollen, sondern kompensiert durch die einzig noch wertbesetzte Sphäre einer Kunst, die ihre Bedeutung in sich selber trägt.[10]

Die Abgrenzung reichte bis hin zur Gründung esoterischer Zirkel. Dabei gehört es zu den inneren Widersprüchen der Kunst, daß diese Distanzierung und Isolierung von einer kritisierten Gesellschaft und deren Kunstbetrieb und -markt nur durch deren Wohlstand möglich war und ist. Einige Künstler (Rilke) konnten ihre wirtschaftliche Existenz nur mit der Hilfe reicher Mäzene sichern, andere wiederum begriffen ihre soziale Not als auszeichnenden Bestandteil ihrer künstlerischen Existenz (Holz). Ein Teil der Kunst war somit in Opposition zum herrschenden Zeitgeist geraten – eine Position, die viele Künstler der Moderne beibehalten haben.

2.2 Das Bewußtsein des „Fin de siècle"

„Fin de siècle" war ein gesamteuropäisches Modewort. Mit diesem Begriff wurde eine Stimmung und eine Geisteshaltung bezeichnet, für die auch der Begriff „décadence" synonym gebraucht wurde, wenngleich sich die Begriffe nicht vollkommen decken. Beide Begriffe haben einen „Beiklang von Weltuntergang, der aber nicht ernst gemeint ist, aber den Stimmungswert des Wortes pathetisch erhöht."[11] Die Stimmungslage eines Décadent kann mit Hilfsbegriffen andeutungsweise umrissen werden: Melancholie, Resignation, (Lebens-) Müdigkeit, Kultiviertheit, blasierte Skepsis, Nervenschwäche, erhöhte Sensibilität, Kränklichkeit, Feinfühligkeit ohne heftige Empfindung, Lebhaftigkeit ohne starken Willen. Dieser Gemütszustand wurde als Ausdruck für die ‚begnadete' Distanz von der Banalität der bürgerlichen Kunstanschauung und der Brutalität der Wilhelminischen Eroberungspolitik empfunden. Vorbild hierfür war die gesellschaftliche Kultur des englischen Adels, Leitbild der Dandy.[12]

Der Zustand der erhöhten Sensibilität wurde prägend für ein neues Kunstverständnis. Der Schriftsteller und Literaturkritiker Hermann Bahr proklamierte 1891 *Die Überwindung des Naturalismus*:

> Ich glaube also, daß der Naturalismus überwunden werden wird durch eine nervöse Romantik; noch lieber möchte ich sagen durch eine Mystik der Nerven. [...]
> Der neue Idealismus drückt die neuen Menschen aus. Sie sind Nerven; das andere ist abgestorben, welk und dürr. Sie erleben nur mehr mit den Nerven, sie reagieren nur mehr von den Nerven aus. Aus den Nerven geschehen ihre Ereignisse, und ihre Wirkungen kommen von den Nerven. Aber das Wort ist vernünftig oder sinnlich; darum können sie es bloß als eine Blumensprache gebrauchen: ihre Rede ist immer Gleichnis und Sinnbild. [...] Der Inhalt des neuen Idealismus ist Nerven, Nerven, Nerven und – Kostüm: die Décadence löst das Rokoko und die gotische Maskerade ab. [...]
> Wenn erst das Nervöse völlig entbunden und der Mensch, aber besonders der Künstler, ganz an die Nerven hingegeben sein wird, ohne vernünftige Freude und sinnliche Rücksicht, dann kehrt die verlorene Freude in die Kunst zurück.[13]

Als Vertreter der neuen „Nervenkunst" nennt Bahr Paul Bourget, Maurice Barrès, Joris-Karl Huysmans und Maurice Maeterlinck. Am Naturalismus Zolas kritisiert er, daß dessen Rhetorik noch von der Romantik inspiriert sei, also nicht zum Inhalt passe. Bahr glaubt nicht mehr an den Wahrheitsanspruch und den Wirklichkeitsbezug der Literatur. Darin zeigen sich erste Spuren einer Nietzsche-Rezeption. In Friedrich Nietzsches Philosophie richtet sich der auf die griechische Antike bezogene Pessimismus gegen den idealistischen Klassizismus um 1800, d.h. er sieht in dem Schrecken des Daseins den Urgrund der antiken Kunst. Der Mythos von Dionysos Zagreus, der von den Titanen in Stücke gerissen und von Rhea wieder zum Leben erweckt wird, symbolisiert für Nietzsche das Prinzip des Werdens und Vergehens, die übermenschliche Gestaltwerdung der schrecklichen und immer wieder schönen Lebensprinzipien. Das Dionysische birgt aber in sich bereits sein Gegenteil, das Apollonische. Nietzsches Mythentheorie ist Bestandteil seiner ästhetischen Reflexion und seiner Auseinandersetzung mit der literarischen Moderne.

Die literarische Moderne zur Zeit Nietzsches verkörpert in erster Linie der französische Dichter Charles Baudelaire. An Baudelaire beobachtet Nietzsche, daß das Häßliche stärker hervortritt, daß die Einzelreize stärkeren Wert gewinnen. Tatsächlich nennt Baudelaire seinen bekanntesten und damals skandalösen Gedichtzyklus *Les fleurs du mal* (Die Blumen des Bösen), worin auch das Häßliche Gegenstand von Lyrik sein kann: Ein Gedicht trägt den Titel *Une charogne* (Ein Aas). Baudelaire sieht auch im Widerspruch zu Rousseau die Natur als Ursprung barbarischer Vorgänge an; Schönheit und Edelmut entsprängen fern der Natur. Die Kunst sei der Triumph des Menschen über die Natur. Das Reich der Kunst wird auf diese Weise zu einem autonomen Bereich erhoben. Oscar Wilde treibt diesen Gedanken in seinem Essay *The Critic as Artist* (Der Kritiker als Künstler) auf die Spitze:

> Ästhetik ist ein Begriff auf einer höheren Stufe als die Ethik. In ihr ist mehr Geist. Die Schönheit einer Person oder Sache wahrzunehmen, ist das Höchste, was wir erreichen können. So ist auch die Empfindungsfähigkeit für Farben wichtiger für die Entwicklung des einzelnen als sein Sinn für Recht oder Unrecht.[14]

Dieser Immoralismus, der den Reiz der exotischen Grausamkeit schätzte, fand sich in vielen literarischen Werken. So läßt z.B.

Stefan George die Titelfigur seines frühen Gedichtzyklus *Algabal* in einem Reich von kalter, erlesener Schönheit agieren. Die künstlerische Empfindsamkeit geht Hand in Hand mit ethischer Indifferenz. In Algabals künstlichem Reich von erlesener Schönheit gerät selbst eine Blutspur zum erlesenen Dekor. Ästhetik höher zu bewerten als Ethik heißt, die Kunst in den Rang einer Religion zu erheben. Kunst als Ersatzreligion war die spezifische Antwort der „nervösen" Dekadenz auf das Wert- und Sinnvakuum, das durch die „Entzauberung der Welt" (Max Weber) und die Zurückdrängung der Religion entstanden war. Die Künstler der dekadenten Sensibilität schaffen auf der Grundlage der

> Überzeugung, daß künstlerisches Schaffen die Offenbarung höchster menschlicher Werte bedeutet und daß aus diesem Grunde der Dienst an einer vom Pragmatismus unbefleckten Kunst eine Handlung ist, die ihre moralische Berechtigung besitzt. [...] Im Lichte von Nietzsches Maxime, wonach das Leben nur als ästhetisches Phänomen zu rechtfertigen ist, erhält die bekannte Losung von der künstlerischen Autonomie (l'art pour l'art) eine breitere Bedeutung.[15]

„Fin de siècle" begreift die eigene Zeit als Endzeit. Untergang wurde zum literarischen Thema.[16] Venedig als märchenhaft-unwirkliche, von exotischer Schönheit geprägte, aber zum Untergang bestimmte Stadt stellt ein Symbol hierfür dar (Thomas Manns *Der Tod in Venedig*). Bereits im Leben den Verfall zu sehen (Hofmannsthal), ist keine neue literarische Sehweise, doch wurde dies um die Jahrhundertwende in verstärktem Maße erneut thematisiert.

Eine entgegengesetzte Interpretation der Philosophie Nietzsches lag dem Vitalismus zugrunde. Während sich die Décadence ihrer Lebensmüdigkeit ergab, zelebrierte der Vitalismus seine rauschhafte Lebensbejahung. Das auf die Zukunft gerichtete Erneuerungspotential der Jahrhundertwende präsentierte sich als Lebensgenuß und Lebensfreude. In Nietzsches Apotheose des Lebens, des Lebensrausches fand diese Einstellung ihren geistigen Hintergrund.

Der Name der Zeitschrift *Jugend* war programmatisch gemeint, Jugend und Jugendlichkeit wurden zum Ideal. Infolge einer einseitigen Interpretation Nietzsches, der den Übermenschen als künftiges Ideal proklamiert hatte, verherrlichte man den sportlichen Übermenschen, wogegen die Décadence die Zartheit und Hinfälligkeit brustkranker Mädchen verehrte.

Die Jugendbewegung organisierte sich in Bünden und bildete ein merkwürdiges Gemisch aus Revolte und Reaktion. Die Wandervogelbewegung hat in dieser Zeit ihre Wurzeln. Eine Lebensreform sollte wieder zurück zu natürlichen Lebensformen führen, wobei Lebensreform eine ganze Bandbreite an Bedeutungen von sexueller Befreiung über Zusammleben in naturnahen Lebens- und Siedlungsgemeinschaften (Worpswede) bis hin zur Gesundheitsreform (Reformhäuser) beinhaltete.

2.3 Zeitschriften

Um die Jahrhundertwende ist das starke Bedürfnis der Intellektuellen, insbesondere der Literaten erkennbar, ständig die Frage zu erörtern, wie die eigene Zeit beschaffen sei und ob man ihr gerecht werde. Organe für die Beschäftigung mit dieser Frage und für das Publizieren zukunftsgerichteter Programme und Projekte waren Zeitschriften, darunter eine erhebliche Anzahl damals neu gegründeter. Es gab kaum einen Literaten, der nicht an der Gründung einer Zeitschrift beteiligt war oder als Redakteur oder zumindest als freier Mitarbeiter an einer solchen mitarbeitete. Diese Zeitschriften hatten zum Teil nur kurze Lebensdauer, und ihre Namen standen programmatisch für die darin vermittelten Konzepte.

Das Hauptziel der Zeitschrift *Pan* war die Erziehung des gebildeten Publikums zum Verständnis moderner Kunst und Literatur. Eine der treibenden Kräfte bei der Gründung dieser Zeitschrift war Richard Dehmel, die ersten Herausgeber der Literat Otto Julius Bierbaum und der Kunstschriftsteller Julius Meier-Graefe. Der *Pan* war vornehm nach dem Vorbild englischer Kunstzeitschriften gestaltet, er erreichte nur eine wohlhabende Oberschicht als Publikum. Die Auflagenzahlen blieben gering, und der Zeitschrift war nur eine geringe Lebensdauer beschieden: 1895 bis 1900. Im *Pan* erschienen Beiträge unter anderen von Karl Wolfskehl, Detlev von Liliencron, Richard Dehmel und Hugo von Hofmannsthal.

Als ähnliches dem Ästhetischen verpflichtetes Organ erschien in Wien *Ver Sacrum*[17] (1898–1903). An dessen Gründung war Hermann Bahr beteiligt, unter den Veröffentlichungen finden sich die Namen Hofmannsthal, Rilke, Dehmel, Holz, Bierbaum.

Der Name der Zeitschrift *Die Insel* (1899–1902) hat symbolischen Wert. Sie vertrat das Programm einer sich in einer inselhaften Exklusivität abschließenden Ästhetik. *Die Insel* brachte es niemals auf mehr als 400 Abonnenten. Zu den Gründern gehörte der Lyriker Rudolf Alexander Schröder. Die Zeitschrift wurde auf ausgesuchtem Papier in einer ausgesuchten Schrift gedruckt. Als Beilage zu der Zeitschrift erschienen Kunstblätter in einer beigefügten Mappe. In der *Insel* fanden sich Beiträge von Hofmannsthal, Rilke, Robert Walser, Frank Wedekind, Heinrich Mann, Dehmel, Liliencron, Arno Holz. Aus der *Insel* ging der bis heute existierende Buchverlag *Die Insel* hervor.

Die Zeitschrift *Jugend* gab dem von ihr beeinflußten Stil seinen in Deutschland gültigen Namen: Jugendstil. Als Wochenschrift verkündete die in München erscheinende *Jugend* ein Programm für Lebensfreude und Lebensgenuß, für freies Leben und ästhetische Schönheit und gegen Fin-de-siècle-Stimmung und Décadence. Das Programm der ästhetischen Schönheit bestimmte das äußere Erscheinungsbild der Zeitschrift: Jede Woche wechselte das Titelblatt, jede Seite war anders gestaltet durch Wechsel von Schmuckgrafik, Ornamenten und Zierleisten und durch Abwechslung in der typographischen Gestaltung. Die *Jugend* erreichte eine Auflagenzahl von über zehntausend Exemplaren und konnte so auch länger bestehen (Gründung: 1896). Dehmel und Rilke veröffentlichten hier. In der Qualität der Beiträge blieb die *Jugend* hinter den oben genannten Zeitschriften zurück.

Die Münchner Wochenschrift *Simplicissimus* (gegründet 1896) widmete sich dem politischen und gesellschaftlichen Tagesgeschehen und griff viele und vieles mit frechen Satiren an, vor allem die Person des Kaisers bot ein lohnendes Ziel für Spott und Satire. Gelegentlich wurden Nummern konfisziert und gegen die Redaktion ein Verfahren wegen Majestätsbeleidigung eingeleitet. Neben Frank Wedekind arbeiteten unter anderen die Brüder Mann, Peter Altenberg, Arthur Schnitzler, Richard Dehmel, Hermann Hesse als namhafte literarische Mitarbeiter beim *Simplicissimus* mit.

Ähnliche Zielsetzungen verfolgte die Zeitschrift *Die Fackel* des Wiener Kritikers Karl Kraus.

2.4 Die Zeit der Jahrhundertwende als literarische Epoche

Die Titulierung dieser literarischen Epoche als *Zeit der Jahrhundertwende* vermeidet in ihrer Neutralität absichtlich programmatische, stilkritische oder wertende Begriffe (wie z.B. „Realismus" oder „Sturm und Drang"). „Wilhelminisches Zeitalter" käme als sinnvolles Synonym in Betracht. Die Jahreszahlen 1890 und 1910 sind als ungefähre Grenzdaten zu nennen. Der poetische Realismus geht der Epoche voraus, der Naturalismus überschneidet sich mit ihr, der Expressionismus löst sie ab. Zeitliche Überlagerungen verstehen sich dabei von selbst. Obwohl innerhalb dieser Zeit verschiedene Schwerpunktsetzungen gleichzeitig und in der zeitlichen Abfolge festzustellen sind, muß doch von einer relativen Einheitlichkeit dieser Periode ausgegangen werden. Das verbindende Gemeinsame der so unterschiedlich gearteten literarischen Ansätze ist in der Reaktion auf die oben umrissene Geisteslage zu sehen. Die verschiedenen Stiltendenzen widersprechen sich zwar teilweise diametral und müssen auch getrennt dargestellt werden, doch sind die Übergänge zwischen ihnen fließend, und sie vermischen sich selbst innerhalb des Werkes eines einzelnen Autors. Seit dem 18. Jahrhundert ist der simultane Stilpluralismus eine Grundtendenz in der Literatur.

Naturalismus, Impressionismus, Symbolismus und *Jugendstil* sind Stiltendenzen, die einander im besprochenen Zeitraum überlagern; Zuordnungen von Autoren oder Werken zu den einzelnen Stilen sind nur tendenziell möglich und keineswegs eindeutig. Die Begriffe *Impressionismus* und *Jugendstil* stammen aus dem Bereich der bildenden Kunst und haben im Bereich der Literatur nur eine unzureichende Konturenschärfe gewonnen. Trotzdem lassen sich auch in der Literatur die von diesen Termini bezeichneten geistigen Tendenzen erkennen, und die Begriffe haben somit auch im Bereich der Literaturkritik ihren Sinn.

Die Vertreter des *Naturalismus* forderten von der Kunst unbedingte Lebensnähe, die alle Bereiche des Lebens vollständig ohne

Beschönigung und Idealisierung zur Darstellung bringt. Das bedeutete einerseits die Wahl von bis dahin in der Literatur tabuisierten Themen wie z. B. soziale Not von Menschen. Andererseits war aber die Frage nach dem Was der Darstellung nicht so entscheidend, sondern das Wie trat in den Vordergrund. Die Naturalisten verstanden literarisches Schaffen als quasi wissenschaftliche Tätigkeit. Ähnlich wie der Naturwissenschaftler sollte sich der Autor durch genaue Studien die vorauszusetzenden Kenntnisse für seine Darstellung erwerben. Das Werk selbst trug dann nach der Auffassung der Naturalisten den Charakter eines Experiments. Die Personenkonstellation und die gesellschaftlichen Gegebenheiten bildeten die Versuchsanordnung. Den Ablauf des Experiments, also die Handlung und die Entwicklung des Werks, die sich daraus von selbst ergeben sollte, sollte der Autor nur noch ohne sein weiteres Zutun beobachten und protokollarisch festhalten. Der hier zugrundeliegende Irrtum, daß der Faktor Mensch in Person des Autors aus dem Werk ausgeschlossen werden könne, begründet unter anderem das Scheitern des Naturalismus. Hierin drückt sich der positivistische Glaube an die auf (natur-) wissenschaftlicher Forschung beruhende Faktizität aus.

Arno Holz erhob mit seinem Entwurf eines literarischen „Sekundenstils", der die Zeitdauer der Darstellung durch die Literatur (z. B. auf der Bühne) mit der Dauer des Dargestellten zur vollkommenen Deckung bringen sollte, die Forderung nach Lebenstreue der Literatur am radikalsten. Zu den besten Leistungen des Naturalismus zählen die Dramen Gerhart Hauptmanns, in denen er das Elend der armen Arbeiter auf die Bühne brachte (*Die Weber*, 1892). In Deutschland blieb der Naturalismus nur kurz wirksam und war für die Lyrik kaum von Bedeutung. *Der Arbeitsmann* von Richard Dehmel gibt ein Beispiel für deutschsprachige naturalistische Lyrik. Frank Wedekinds *Auf den Preuß'schen Eisenbahnen* zeigt zwar mit seinem politisch-gesellschaftskritischen Gestus Parallelen zum Naturalismus, doch finden sich in Wedekinds Gesamtwerk auch jugendstiltypische vitalistische Tendenzen.

Von Arno Holz' Sekundenstil ist es nur ein kleiner Schritt zum *Impressionismus.* Wie in der Malerei bezeichnet Impressionismus auch in der Literatur die erhöhte Sensibilität für subtile Stimmungen und Reize durch Farben, Linien, Klänge und Düfte.

> Impressionismus ist eine Kunst der Stimmung, wie sie der vergängliche Augenblick hervorruft. [...] literarischer Impressionismus [läßt sich] als Kunst der persönlichen Augenblicksempfindung bezeichnen: aus der Erfahrung, daß die Dinge, wie sie wirklich sind, künstlerisch nicht reproduziert werden können, greift der Impressionist subjektive Eindrücke von Weltausschnitten auf und gestaltet sie.[18]

Der flüchtige Reiz des schönen Augenblicks prädestiniert die Lyrik in besonderem Maße als angemessenes literarisches Medium des *Impressionismus*. Die Schilderung persönlicher Eindrücke in größtmöglicher Differenzierung in neuen sprachlichen Ausdrucksformen (z.B. Lautmalereien) kann als impressionistische Tendenz in der Lyrik gewertet werden. Einzelne Gedichte von Rilke und Hofmannsthal weisen impressionistische Merkmale auf.

Der literarische *Symbolismus* gelangte über den Umweg der englischen (Wilde) und französischen (Baudelaire, Verlaine, Rimbaud, Mallarmé) Literatur des 19. Jahrhunderts, wo er allerdings im Grunde nur die Fortsetzung der Prinzipien der deutschen Romantik bildete, nach Deutschland.

> Der Symbolismus richtet sich gegen die vom naturwissenschaftlichen Positivismus des 19. Jahrhunderts inspirierten Bemühungen der Realisten und Naturalisten, die Welt in ihrer biologischen und sozialen Tatsächlichkeit darzustellen; er sucht das den Dingen zugrundeliegende Geheimnis und spricht es weniger aus, als daß er es vor allem durch ästhetisch-suggestive Darstellungsmittel beruft. Klangmalereien, Assonanz, Metrum und Reime werden bewußt in die Aussagestruktur integriert; mit Vorliebe bedient sich die symbolistische Poesie der Synästhesie, also der Vermischung von Eindrücken verschiedener Sinnesorgane, so daß die Sphäre des einen Sinnes zur Metapher für die des anderen wird: es entsteht eine magische Identität der Sphären.[19]

Der Symbolismus vertritt die Auffassung von einer reinen Poesie („poésie pure"), die sich der Gesellschaftskritik enthalten soll und ihren Sinn nur aus sich selbst bezieht („L'art pour l'art"). Vor allem Stefan George adaptierte die Ideen der französischen Symbolisten. Rainer Maria Rilke griff diese in seiner Frühzeit ebenfalls auf, entfernte sich aber später zunehmend von ihnen.

Der Begriff *Jugendstil* bezeichnet die deutsche Ausprägung eines internationalen Stilwillens, der auch mit den Namen *Art*

Nouveau oder *Modern Style* bezeichnet wird. Der *Jugendstil* bemühte sich um die Schöpfung des Gesamtkunstwerks, worunter auch die schöne Umgebung der täglichen Umwelt verstanden wurde, weshalb er im Bereich der angewandten Künste und des Kunsthandwerks wohl seine besten Leistungen vollbrachte. Die Fassadengestaltung von Häusern war ebenso ein Anliegen des *Jugendstils* wie die Ausstattung von homogenen Innenräumen. Kennzeichen des *Jugendstils* im Bereich des Bildnerischen sind geschwungene Linien, florale Ornamente und Flächigkeit in der Anlage.

> Der Rückgriff auf die *Kunstformen der Natur* – so der Titel eines Prachtwerkes, das der Zoologe und Monist Ernst Haeckel 1899 bis 1904 erscheinen ließ – signalisiert eine Orientierung des Lebens an seiner natürlichen Basis, die sich nicht auf die Kunst allein erstreckte: es ist die Zeit der Reformkleidung und der Reformhäuser.[20]

Im Bereich der Lyrik ist der Wille zur Schaffung eines komplexen Zyklus' aus einzelnen Gedichten als Einfluß der Neigung des Jugendstils zum Gesamtkunstwerk zu werten, somit weisen Stefan George und sein Kreis am ehesten jugendstilistische Bestrebungen auf.

Wenn aus dem bisher Gesagten auch umrißhaft deutlich wird, wie unterschiedlich die Konzepte der einzelnen Dichter der Zeit waren und wie unterschiedlich sie gearbeitet haben, sind doch grundlegende Gemeinsamkeiten festzuhalten. Einige Literaten der Jahrhundertwende empfanden eine tiefgreifende Skepsis, was die Ausdrucksfähigkeit der Sprache betrifft. Sie spürten deutlich, daß die Sprache nicht zuletzt durch ihre Abnutzung im offiziellen Sprachgebrauch in eine Krise geraten war; die protzenhaften und trotz ihrer Dümmlichkeit in großer Breite nachgeahmten Reden des Kaisers waren ein deutliches Beispiel. Das Unbehagen vieler beim Gebrauch einer solcherart „vernutzten" Sprache ließ die Frage dringlich werden, wie noch literarischer, insbesondere subtil lyrischer Ausdruck möglich sein konnte. Darüber hinaus breitete sich die Empfindung aus, daß die Erfahrungen der modernen Welt sich der Versprachlichung zu entziehen drohten. Am deutlichsten hat dies Hugo von Hofmannsthal in seinem Text *Ein Brief*[21] artikuliert. Hier läßt er den jungen Lord Chandos um

1600 in einem Brief an seinen befreundeten Gönner Francis Bacon, einen der Begründer des neuzeitlichen naturwissenschaftlichen Denkens, die moderne Erfahrung der Diskrepanz zwischen literarischem Ausdruckswillen und der Verfügbarkeit einer scheinbar unzulänglich gewordenen Sprache mitteilen.

Der Künstler ist zum kritischen Außenseiter einer als unerträglich empfundenen Gesellschaft geworden und wird es fernerhin bleiben. Wenn die Apologeten einer „poésie pure" auch gesellschaftskritische Inhalte der Literatur strikt ablehnten, übten sie mit ihrem esoterischen Ästhetizismus trotzdem Kritik an der Gesellschaft und ihrer Einrichtung Sprache, indem sie sich bewußt in die Position einer kritischen Distanz begaben.

Mit der Epoche der Literatur um die Jahrhundertwende beginnt die literarische Moderne in Deutschland.

3
Die Gedichte in Motivgruppen

3.1
Gesellschaftliche Provokation

Text 3.1.1 Richard Dehmel: Bekenntnis

Ich will ergründen alle Lust,
so tief ich dürsten kann;
ich will sie aus der ganzen Welt
schöpfen, und stürb' ich dran.

Ich will's mit all der Schöpferwut,
die in uns lechzt und brennt;
ich *will* nicht zähmen meiner Glut
heißhungrig Element.

Ward ich durch frommer Lippen Macht,
durch zahmer Küsse Tausch?
Ich ward erzeugt in wilder Nacht
und großem Wollustrausch!

Und will nun leben so der Lust,
wie mich die Lust erschuf.
Schreit nur den Himmel an um mich,
ihr Beter von Beruf.

Text 3.1.2 Frank Wedekind: Auf den Preuß'schen Eisenbahnen

Auf den Preuß'schen Eisenbahnen
Und besonders in Berlin
Fahren fromme Untertanen
Gottesfürchtig her und hin.

Überall zum Butterbrote
Findet jeder ein Glas Bier.
Setzt es manchmal ein paar Tote,
Großer Gott, wer kann dafür!

Denn auf diesen Eisenbahnen,
Wie das offen anerkannt,
Sterben deutsche Untertanen
Ihren Tod fürs Vaterland.

Sparen muß man, wo das Sparen
Keinen Nachteil involviert;
Sei der Mensch zu Tod gefahren,
Oder sei er füsiliert!

Und der Fiskus voll Ergötzen
Klimpert mit dem Resultat –
Plötzlich sieht er mit Entsetzen
Dort ein buntes Zeitungsblatt.

Er erbebt: o Schreck, o Grauen!
Wer hat mir das angetan?
Muß ich solch ein Unheil schauen
Hier auf meiner Eisenbahn!

Oh, dies Blatt ist ein Verderben,
Wie die Welt kein schlimmres hat,
Mag das halbe Deutschland sterben,
Aber konfisziert das Blatt!

Laßt in Grund und Boden fahren
Alles, was noch Beine hat,
Möge Gott uns nur bewahren
Vor dem bunten Zeitungsblatt,

Das den Teufel führt im Schilde
Und sich weiht dem freien Geist
Und das unser Staatsgebilde
In die tiefste Hölle reißt! –

Sprach's, und alsobald verboten
Ward das Blatt. Das Volk blieb stumm,
Doch es drehten sich die Toten
Sämtlich auf den Gleisen um.

Heil euch nun, ihr Eisenbahnen,
Von dem bunten Blatt befreit,
Das dem Wohl der Untertanen,
Das der Wahrheit sich geweiht,

Deutschland, Deutschland über alles,
Über alles in der Welt,
Perle du des Erdenballes,
Sag' mir, wie dir das gefällt?

Text 3.1.3 Richard Dehmel: Der Arbeitsmann

Wir haben ein Bett, wir haben ein Kind,
mein Weib!
Wir haben auch Arbeit, und gar zu zweit,
und haben die Sonne und Regen und Wind.
Uns fehlt nur eine Kleinigkeit,
um so frei zu sein, wie die Vögel sind:
Nur Zeit.

Wenn wir sonntags durch die Felder gehn,
mein Kind,
und über den Ähren weit und breit
das blaue Schwalbenvolk blitzen sehn,
oh, dann fehlt uns nicht das bißchen Kleid,
um so schön zu sein, wie die Vögel sind:
Nur Zeit.

Nur Zeit! wir wittern Gewitterwind,
wir Volk.
Nur eine kleine Ewigkeit;
uns fehlt ja nichts, mein Weib, mein Kind,
als all das, was durch uns gedeiht,
um so kühn zu sein, wie die Vögel sind.
Nur Zeit!

3.2 Natur

Text 3.2.1 Arno Holz: Im Thiergarten

Im Thiergarten, auf einer Bank, sitz ich und rauche;
und freue mich über die schöne Vormittagssonne.

Vor mir, glitzernd, der Kanal:
den Himmel spiegelnd, beide Ufer leise schaukelnd.

Ueber die Brücke, langsam Schritt, reitet ein Leutnant.

Unter ihm,
zwischen den dunklen, schwimmenden Kastanienkronen,
pfropfenzieherartig ins Wasser gedreht,
– den Kragen siegellackrot –
sein Spiegelbild.

Ein Kukuk
ruft.

Text 3.2.2 Stefan George: Komm in den totgesagten park …

Komm in den totgesagten park und schau:
Der schimmer ferner lächelnder gestade ·
Der reinen wolken unverhofftes blau
Erhellt die weiher und die bunten pfade.

Dort nimm das tiefe gelb · das weiche grau
Von birken und von buchs · der wind ist lau ·
Die späten rosen welkten noch nicht ganz ·
Erlese küsse sie und flicht den kranz ·

Vergiss auch diese lezten astern nicht ·
Den purpur um die ranken wilder reben ·
Und auch was übrig blieb von grünem leben
Verwinde leicht im herbstlichen gesicht.

Text 3.2.3 Rainer Maria Rilke: Der Panther

Im Jardin des Plantes, Paris

Sein Blick ist vom Vorübergehen der Stäbe
so müd geworden, daß er nichts mehr hält.
Ihm ist, als ob es tausend Stäbe gäbe
und hinter tausend Stäben keine Welt.

Der weiche Gang geschmeidig starker Schritte,
der sich im allerkleinsten Kreise dreht,
ist wie ein Tanz von Kraft um eine Mitte,
in der betäubt ein großer Wille steht.

Nur manchmal schiebt der Vorhang der Pupille
sich lautlos auf –. Dann geht ein Bild hinein,
geht durch der Glieder angespannte Stille –
und hört im Herzen auf zu sein.

3.3
Kunst und Künstler

Text 3.3.1 STEFAN GEORGE: Der herr der insel

Die fischer überliefern dass im süden
Auf einer insel reich an zimmt und öl
Und edlen steinen die im sande glitzern
Ein vogel war der wenn am boden fussend
Mit seinem schnabel hoher stämme krone
Zerpflücken konnte · wenn er seine flügel
Gefärbt wie mit dem saft der Tyrer-schnecke
Zu schwerem niedrem flug erhoben: habe
Er einer dunklen wolke gleichgesehn.
Des tages sei er im gehölz verschwunden ·
Des abends aber an den strand gekommen ·
Im kühlen windeshauch von salz und tang
Die süsse stimme hebend dass delfine
Die freunde des gesanges näher schwammen
Im meer voll goldner federn goldner funken.
So habe er seit urbeginn gelebt ·
Gescheiterte nur hätten ihn erblickt.
Denn als zum erstenmal die weissen segel
Der menschen sich mit günstigem geleit
Dem eiland zugedreht sei er zum hügel
Die ganze teure stätte zu beschaun gestiegen ·
Verbreitet habe er die grossen schwingen
Verscheidend in gedämpften schmerzeslauten.

Text 3.3.2 HUGO VON HOFMANNSTHAL: Ballade des äußeren Lebens

Und Kinder wachsen auf mit tiefen Augen,
Die von nichts wissen, wachsen auf und sterben,
Und alle Menschen gehen ihre Wege.

Und süße Früchte werden aus den herben
Und fallen nachts wie tote Vögel nieder
Und liegen wenig Tage und verderben.

Und immer weht der Wind, und immer wieder
Vernehmen wir und reden viele Worte
Und spüren Lust und Müdigkeit der Glieder.

Und Straßen laufen durch das Gras, und Orte
Sind da und dort, voll Fackeln, Bäumen, Teichen,
Und drohende, und totenhaft verdorrte …

Wozu sind diese aufgebaut? und gleichen
Einander nie? und sind unzählig viele?
Was wechselt Lachen, Weinen und Erbleichen?

Was frommt das alles uns und diese Spiele,
Die wir doch groß und ewig einsam sind
Und wandernd nimmer suchen irgend Ziele?

Was frommts, dergleichen viel gesehen haben?
Und dennoch sagt der viel, der „Abend“ sagt,
Ein Wort, daraus Tiefsinn und Trauer rinnt

Wie schwerer Honig aus den hohlen Waben.

Text 3.3.3 Rainer Maria Rilke: Archaischer Torso Apollos

Wir kannten nicht sein unerhörtes Haupt,
darin die Augenäpfel reiften. Aber
sein Torso glüht noch wie ein Kandelaber,
in dem sein Schauen, nur zurückgeschraubt,

sich hält und glänzt. Sonst könnte nicht der Bug
der Brust dich blenden, und im leisen Drehen
der Lenden könnte nicht ein Lächeln gehen
zu jener Mitte, die die Zeugung trug.

Sonst stünde dieser Stein entstellt und kurz
unter der Schultern durchsichtigem Sturz
und flimmerte nicht so wie Raubtierfelle;

und bräche nicht aus allen seinen Rändern
aus wie ein Stern: denn da ist keine Stelle,
die dich nicht sieht. Du mußt dein Leben ändern.

3.4
Mythos und Transzendenz

Text 3.4.1 Hugo von Hofmannsthal: Manche freilich …

Manche freilich müssen drunten sterben,
Wo die schweren Ruder der Schiffe streifen,
Andre wohnen bei dem Steuer droben,
Kennen Vogelflug und die Länder der Sterne.

Manche liegen immer mit schweren Gliedern
Bei den Wurzeln des verworrenen Lebens.
Andern sind die Stühle gerichtet
Bei den Sibyllen, den Königinnen,
Und da sitzen sie wie zu Hause,
Leichten Hauptes und leichter Hände.

Doch ein Schatten fällt von jenem Leben
In die anderen Leben hinüber,
Und die leichten sind an die schweren
Wie an Luft und Erde gebunden:

Ganz vergessner Völker Müdigkeiten
Kann ich nicht abtun von meinen Lidern,
Noch weghalten von der erschrockenen Seele
Stummes Niederfallen ferner Sterne.

Viele Geschicke weben neben dem meinen,
Durcheinander spielt sie alle das Dasein,
Und mein Teil ist mehr als dieses Lebens
Schlanke Flamme oder schmale Leier.

Text 3.4.2 Stefan George: Gemahnt dich noch das schöne bildnis

GEMAHNT dich noch das schöne bildnis dessen
Der nach den schluchten-rosen kühn gehascht ·
Der über seiner jagd den tag vergessen ·
Der von der dolden vollem seim genascht?

Der nach dem parke sich zur ruhe wandte ·
Trieb ihn ein flügelschillern allzuweit ·
Der sinnend sass an jenes weihers kante
Und lauschte in die tiefe heimlichkeit ·

Und von der Insel moosgekrönter steine
Verliess der schwan das spiel des wasserfalls
Und legte in die kinderhand die feine
Die schmeichelnde den schlanken hals.

Text 3.4.3 Rainer Maria Rilke: Herbsttag

Herr: es ist Zeit. Der Sommer war sehr groß.
Leg deinen Schatten auf die Sonnenuhren,
und auf den Fluren laß die Winde los.

Befiehl den letzten Früchten voll zu sein;
gieb ihnen noch zwei südlichere Tage,
dränge sie zur Vollendung hin und jage
die letzte Süße in den schweren Wein.

Wer jetzt kein Haus hat, baut sich keines mehr.
Wer jetzt allein ist, wird es lange bleiben,
wird wachen, lesen, lange Briefe schreiben
und wird in den Alleen hin und her
unruhig wandern, wenn die Blätter treiben.

Text 3.4.4 Hugo von Hofmannsthal: Vor Tag

Nun liegt und zuckt am fahlen Himmelsrand
In sich zusammengesunken das Gewitter.
Nun denkt der Kranke: „Tag! jetzt werd ich schlafen!"
Und drückt die heißen Lider zu. Nun streckt
Die junge Kuh im Stall die starken Nüstern
Nach kühlem Frühduft. Nun im stummen Wald
Hebt der Landstreicher ungewaschen sich
Aus weichem Bett vorjährigen Laubes auf
Und wirft mit frecher Hand den nächsten Stein
Nach einer Taube, die schlaftrunken fliegt,
Und graust sich selber, wie der Stein so dumpf
Und schwer zur Erde fällt. Nun rennt das Wasser,
Als wollte es der Nacht, der fortgeschlichenen, nach
Ins Dunkel stürzen, unteilnehmend, wild
Und kalten Hauches hin, indessen droben
Der Heiland und die Mutter leise, leise
Sich unterreden auf dem Brücklein: leise,
Und doch ist ihre kleine Rede ewig
Und unzerstörbar wie die Sterne droben.
Und er trägt sein Kreuz und sagt nur: „Meine Mutter!"

Und sieht sie an, und: „Ach, mein lieber Sohn!“
Sagt sie. – Nun hat der Himmel mit der Erde
Ein stumm beklemmend Zwiegespräch. Dann geht
ein Schauer durch den schweren, alten Leib:
Sie rüstet sich, den neuen Tag zu leben.
Nun steigt das geisterhafte Frühlicht. Nun
Schleicht einer ohne Schuh von einem Frauenbett,
Läuft wie ein Schatten, klettert wie ein Dieb
Durchs Fenster in sein eignes Zimmer, sieht
Sich im Wandspiegel und hat plötzlich Angst
Vor diesem blassen, übernächtigen Fremden,
Als hätte dieser selbe heute nacht
Den guten Knaben, der er war, ermordet
Und käme jetzt, die Hände sich zu waschen
Im Krüglein seines Opfers wie zum Hohn,
Und darum sei der Himmel so beklommen
Und alles in der Luft so sonderbar.
Nun geht die Stalltür. Und nun ist auch Tag.

3.5
Décadence

Text 3.5.1 Rainer Maria Rilke: Spätherbst in Venedig

Nun treibt die Stadt schon nicht mehr wie ein Köder,
der alle aufgetauchten Tage fängt.
Die gläsernen Paläste klingen spröder
an deinen Blick. Und aus den Gärten hängt

der Sommer wie ein Haufen Marionetten
kopfüber, müde, umgebracht.
Aber vom Grund aus alten Waldskeletten
steigt Willen auf: als sollte über Nacht

der General des Meeres die Galeeren
verdoppeln in dem wachen Arsenal,
um schon die nächste Morgenluft zu teeren

mit einer Flotte, welche ruderschlagend
sich drängt und jäh, mit allen Flaggen tagend,
den großen Wind hat, strahlend und fatal.

4
Interpretationen

4.1
Exkurs1:
Zur Motivgruppe „Gesellschaftliche Provokation"

Die Motivgruppe ‚Gesellschaftliche Provokation' konfrontiert unterschiedliche Gedichte, die Kritik üben; und zwar Kritik, die ausgelöst wird durch Erfahrungen der gesellschaftlichen und staatlichen Realität. Die Gedichte formulieren ihre Kritik ziemlich offen und unverhohlen. Sie wollen durch ihren Protest Veränderungen provozieren.

Ihr Protest hat verschiedene Zielrichtungen. Richard Dehmel wendet sich in seinem Gedicht *Bekenntnis* gegen die Prüderie bürgerlicher Moral- und Sittenauffassung. Er setzt die kritisierten Umstände in Beziehung zur christlichen Sittenlehre und macht damit diese selbst zur Zielscheibe der Kritik.

Frank Wedekind *(Auf den Preuß'schen Eisenbahnen)* greift mit seiner beißenden Ironie nicht nur den preußischen Machtstaat, der mit seiner Zensurpraxis unliebsames Gedankengut zu unterdrücken versucht, an, sondern auch die zu braven Untertanen, die für ihre Meinungsfreiheit nicht kämpfen wollen. Dehmels *Arbeitsmann* bewertet die sozialen Verhältnisse der Arbeiter als Beschränkung der menschlichen Freiheit. Latent wird die Möglichkeit der Revolution als Drohung oder als Aufruf beschworen. Allen diesen Gedichten ist gemeinsam, daß sie sich direkt und offen mit einer gesellschaftlichen Situation befassen, in dem Glauben, die Wirklichkeit im Gedicht nicht nur abbilden, sondern sie dadurch auch verändern zu können.

4.1.1
Richard Dehmel: „Bekenntnis"

Richard Dehmel wurde 1863 in Brandenburg geboren. Er studierte Volkswirtschaft, Soziologie, Philosophie und Naturwissenschaften und war nach seinem Studium zunächst im Versicherungswesen und als Redakteur tätig. Seit 1895 konnte er als freier Schriftsteller leben. 1894 war er Mitbegründer der Zeitschrift *Pan,* die als erste deutsche Zeitschrift nach einem englischen

Vorbild den Jugendstilgedanken des druckgraphischen Gesamtkunstwerks verwirklichte.

Dehmels Werk zeigt ein breites Spektrum lyrischer Gattungen: Epigramme, Vierzeiler, Balladen, politisch-soziale Gedichte und Stimmungslyrik. Auch stilistisch lassen sich die unterschiedlichsten Tendenzen erkennen; impressionistische Stimmungsbilder sind ebenso vertreten wie naturalistisch motivierte Texte. Darin mag ein Grund liegen, warum Dehmel in seiner Zeit bei vielen als der bedeutendste Dichter galt, aber bereits kurz nach seinem Tode (1920) in den zwanziger Jahren an Ansehen einbüßte und heute fast vergessen ist. Er hat mit der Wahl und der Behandlung seiner Themen den Geschmack und das thematische Interesse seiner Zeitgenossen getroffen, viele konnten sich mit seiner Lyrik in hohem Maße identifizieren. Wegen dieser Repräsentativität Dehmels für seine Epoche kann eine Lyriksammlung, die ein Bild dieser Zeit zeichnen möchte, nicht auf Belege dieses Dichters verzichten, wenn auch seine Texte nicht die hohe literarische und ästhetische Qualität aufweisen, die für eine überzeitliche Gültigkeit Voraussetzung sind.

Als Beispiele für Dehmels lyrisches Schaffen greift diese Darstellung zwei gegensätzliche, aber doch – auch für die Zeit – typische Texte heraus. *Bekenntnis* (1891 erschienen in dem Band *Erlösungen. Gedichte und Sprüche*) ist ein Beleg für die jugendstil-typische Verherrlichung des Lebensrauschs und des Willens. Dem Vitalismus auf der inhaltlichen Seite entspricht eine emphatische Rhetorik auf der Seite der sprachlichen Gestaltung.

Hierin zeigen sich die ersten Spuren einer weiter reichenden Rezeption des deutschen Philosophen Friedrich Nietzsche (1844–1900), dessen Denken in den ersten Jahrzehnten des 20. Jahrhunderts einen ungewöhnlich starken Einfluß auf die Intellektuellen Europas ausübte. Ein zentraler Punkt in Nietzsches Denken ist die von ihm behauptete Dichotomie der antiken Kultur. Sie bestehe in dem Gegensatz zwischen dem „Apollinischen" (die Kraft des Maßes und der Harmonie) und dem „Dionysischen" (der gestaltlose Urwille, der Rausch), wobei Nietzsche in dem apollinischen Element der sokratischen, rationalen Kultur eine Form der Dekadenz sieht und dieser gegenüber den rauschhaften Irrationalismus des Dionysischen favorisiert. Nietzsche regte viele Literaten der Jahrhundertwende nicht nur durch seine

Gedanken an; auch seine sinnliche Art zu philosophieren und seine sprachschöpferische Kraft übten einen großen Einfluß aus. Nietzsche verband in seinen Schriften die philosophische Reflexion mit literarischen Formen und ist insofern ein Grenzgänger zwischen Literatur und Philosophie.

Die Schlüsselwörter des Gedichtes *Bekenntnis* sind im Text dadurch hervorgehoben, daß in der 1. und 4. Strophe durch die Durchbrechung des Reimschemas einzelne Worte isoliert sind: „Lust“ (Z. 1 u. 13), „Welt“ (Z. 3) und „mich“ (Z. 15). Zu ergänzen ist in dieser Aufstellung die Wendung „Ich will“ (Z. 1, 3, 5, 7, 13), die durch die anaphorische Wiederholung besonders hervorgehoben wird. Damit ist das Thema des Gedichtes bereits umrissen, ein sich „ich“ nennender Sprecher bekennt sich zur Lust. Die Sprache ist von nachdrücklicher Emphase, der Rhythmus kommt einem aufgeregten Staccato gleich. Die vier vierzeiligen Strophen sind einfach und regelmäßig gebaut. Der bestehende Kreuzreim ist an den oben genannten Stellen durchbrochen. Durch den regelmäßigen Wechsel von vier- und dreihebigen Jamben werden jeweils zwei Verse zu einer Einheit zusammengeschlossen (Pause nach jedem 2. Vers!), welcher formalen Gliederung auch die syntaktische entspricht.

Durch die vierfache Anapher „Ich will“ (Z. 1, 3, 5, 7) bekennt das Ich seinen nachdrücklichen Willen, sich der Lust zuzuwenden; durch Kursivdruck in Z. 7 wird die Nachdrücklichkeit nochmals unterstrichen. Doch Lust soll nicht bloß erfahren werden. Das „ergründen“ (Z. 1) weist auf eine tiefgreifende, geistige Durchdringung hin. Auch erscheint die Lust nicht als etwas von dem Ich Trennbares, sondern sie wird als grundlegendes, existentielles Bedürfnis erfahren, sie wird mit Durst („dürsten“, Z. 2) und Hunger („heißhungrig“, Z. 8) gleichgestellt. „Schöpfen“ (Z. 4) als Bezeichnung zum Erlangen der Lust ist doppelsinnig. Einerseits bleibt der Begriff im Bild des Dürstenden, der Trinkbares schöpft. Andererseits ruft diese Formulierung die Vorstellung des Schaffens („Schöpfer“!) und damit eine ins Religiöse zielende Sinnebene hervor. Diese Sinnebene bestätigt sich in Z. 5: „Schöpferwut“. Die Leidenschaftlichkeit des Schaffens, die sich in dem angehängten Wort „-wut“ ausdrückt, wird in den folgenden Zeilen weiter verfolgt: „lechzt und brennt“ (Z. 6), „Glut“ (Z. 7), „heißhungrig“ (Z. 8). Das Verhältnis der Lust zum Ich ist damit als ein doppeltes umrissen, die Lust ist einerseits von außen („aus der ganzen Welt / schöpfen“, Z. 3/4) zu gewinnen, ist andererseits aber auch im Ich bereits angelegt („in uns lechzt und brennt“, Z. 6).

Die 3. Strophe gibt eine Begründung für das Bekenntnis zur Lust. Die erste und die zweite Hälfte der Strophe stehen im Gegensatz zueinander. Der emphatische Ausruf der Zeilen 11 und 12 widerspricht der rhetorischen Frage des Strophenbeginns nach der eigenen Herkunft. Mit der Anspielung auf die Liebesnacht (Z. 11) wird dem Gedicht eine erotische Dimension eröffnet und gleichzeitig der bis dahin noch unklare Begriff „Lust“ näher bestimmt. Der Rausch bildet den Höhepunkt (Steigerung: „Wollust“, Z. 12) sinnlichen Genusses, und die Liebesvereinigung fungiert als der Inbegriff höchsten sinnlichen Genusses. In dieser ihrer höchsten Ausprägung erfüllt die Lust eine bedeutende Funktion im Leben, sie ‚schafft‘ Menschen. Die „Schöpferwut“ (Z. 5) wird so im nachhinein erst richtig verständlich. Sprachlich suggeriert die Formulierung der Zeilen 11 und 12 die Leidenschaftlichkeit der Umarmung, die Wirkung der Adjektive „wild“ (Z. 11) und „groß“ (Z. 12) wird durch die Abfolge der Vokallaute und die Alliteration „ward“, „wilder“, „Wollustrausch“ unterstützt. Dagegen bilden die Attribute der Frage einen Gegensatz („frommer“, Z. 9 und „zahmer“, Z. 10).

Die 4. Strophe zieht die Folgerung aus der 3. Strophe. Da die Lust als das zugrundeliegende schöpferische Prinzp erkannt ist, soll das eigene Leben diesem Prinzip gewidmet sein: „Und will nun leben so der Lust“ (Z. 13). Zeile 15 enthält einen Bruch in der Gleichmäßigkeit des Rhythmus'. „Schreit“ (Z. 15) kann nur als Hebung gedeutet werden, die das an dieser Stelle wichtige Wort hervorhebt. Das Ich ist sich im klaren darüber, daß dieses Bekenntnis das Entsetzen derjenigen, die sich dem Christlichen verpflichtet fühlen, hervorrufen muß, welche er mit der Bezeichnung als „Beter von Beruf“ (Z. 16) verächtlich macht. Das ‚Schreien‘ deutet deren entsetzten Ausruf an. Das Gedicht offenbart an dieser Stelle sein kritisches Potential gegenüber der christlichen Tradition, welche durch diese Schlußwendung in den Gegensatz zu dem Lust-Bekenntnis gebracht wird. Die christliche Religion betont häufig asketische, sinnenfeindliche Einstellungen.

„Bekenntnis" als Gedichttitel deutet auf ein pseudoreligiöses Credo hin. Die sinnliche Lust wird als der Welt und der Schöpfung innewohnendes und zugrundeliegendes, als selbst schaffendes Prinzip erkannt und verehrt.

Dehmel formuliert zwar eine um die Jahrhundertwende ‚moderne' Einstellung, doch wurde solche Provokation im Bereich des Sexuellen keineswegs allgemein toleriert. Das gesellschaftliche Leben der Zeit war durch eine ausgeprägte, aus dem viktorianischen England kommende Prüderie bestimmt. Dagegen setzten viele Zeitgenossen der Jahrhundertwende gezielt die Betonung des Lebensrausches und des Lebens schlechthin als gesellschaftliche Provokation. Die Verherrlichung des Lebensrausches nahm fast den Charakter einer Ersatzreligion an (vgl. die Bedeutung der Rezeption Nietzsches). Doch der eher konservative junge Lyriker Börries Freiherr von Münchhausen griff Dehmel wegen dessen Gedichtszyklus' *Die Verwandlungen der Venus* in einem Zeitschriftenartikel an. Er nahm vor allem an der Erotisierung des christlichen Mythos durch Dehmel Anstoß, da dieser die Figuren Venus, Maria und Maria Magdalena zu einer Figur verschmolz und in einem Gedicht Maria in nacktem Zustand beschrieb. Als sein publizistischer Angriff nicht die erhoffte Wirkung zeigte, stellte Münchhausen Strafantrag. Tatsächlich mußte der Verleger auf ein Gerichtsurteil hin einige Seiten aus der Buchausgabe herausschneiden.

In *Zwei Menschen* formuliert Dehmel noch deutlicher als in *Bekenntnis.* In dem Teil *Und lichter als der lichte Tag* besingt er in einem fast religiös ehrfurchtsvollen Ton die Liebesvereinigung eines Mannes und einer Frau in einer überaus schwülen Atmosphäre:

Und lichter als der lichte Tag im Zimmer
und immer lichter schauert ein Geflimmer
von Kerzen über helle Blumen hin.
Still schwebt um silberblau gestickte Kissen
der Duft des weißen Flieders, der Narzissen.
Und durch die Bläue, durch die Blumen hin
zittert die Luft, als ob sich Herzen rühren:
zwei Menschen stehn – noch tönen still die Türen –
mit Augen, die den Himmel nahe spüren,
enthüllt bis zu den Hüften da:

ein Mann mahnt: du! – ein Weib haucht: ja.
[...]
Er steht und muß die Hände heben,
als blende ihn das ewige Leben;
und dunkel rauscht der Weltraum. Da
mahnt s i e ihn: du – da haucht er: ja –

und alles rauscht tief innerlich.
Zwei nackte Menschen einen sich.

Der hier zitierte Ausschnitt kann kaum mehr als eine vage Andeutung bieten[22], doch drängt sich anhand solcher Textbelege die Frage auf, ob die Einschätzung Dehmels durch seine Zeitgenossen wirklich die literarische Qualität oder Nicht-Qualität der Texte zur Kenntnis genommen hat.

4.1.2 Frank Wedekind: „Auf den Preuß'schen Eisenbahnen"

Die erste Zeile dieses Gedichtes von Frank Wedekind erinnert an ein Lied aus dem Schwäbischen: *Auf de schwäbsche Eisenbahne.* Bei genauerer Prüfung zeigt sich, daß der Text des Wedekindschen Gedichtes auf die Melodie des besagten Liedes passen würde. Der Text stellt also eine gewisse Kontrafaktur[23] des Liedes dar. Die Kontrafaktur ist ein beliebtes Mittel zur Einkleidung kritischer, parodistischer oder satirischer Texte in ein harmlos wirkendes Gewand. Im Kabarett bedient man sich häufig solcher Strategien.

Der Liedhaftigkeit entspricht auch die formale Prägung dieses Liedes. Gemäß der Volltaktigkeit der Liedmelodie ist der Text von Trochäen geprägt, jeder Vers verfügt über vier Hebungen. Das metrische Schema ist ausnahmslos regelmäßig. Kreuzreime mit abwechselnd weiblichen und männlichen Endungen bilden ein klangliches Gerüst. Der Sprachrhythmus des Gedichtes ist flott und lebhaft. Man könnte sich den Text durchaus gesungen vorstellen.

Die Vermutung, daß sich hinter der Kontrafaktur ein kritisches Lied verbergen könnte, bestätigt sich im weiteren Textverlauf. Die „Preuß'schen Eisenbahnen" (Z. 1), die um die Jahrhundertwende als technischer Fortschritt galten, werden von den Untertanen eifrig („her und hin", Z. 4) benutzt. Die Bezeichnung der

Untertanen als „fromm“ (Z. 3) und „gottesfürchtig“ (Z. 4) läßt eine freche Herausforderung mitschwingen. Die Untertanen haben aber Grund zur Zufriedenheit, denn der Staat sorgt für sie; nicht nur, daß sie zum Essen („Butterbrote“, Z. 5) auch etwas zum Trinken finden, sie leben in einem Wohlstand („Bier“, Z. 6, statt Wasser), allerdings nur einem bescheidenen. Der dafür an den Staat zu entrichtende Preis mit „ein paar Tote(n)“ (Z. 7) ist nicht zu vermeiden. Der Sprecher des Gedichtes stellt diese Überzeugung mit der ironischen Wendung „ein paar“ in Frage.

Doch die Untertanen scheinen in ihrer Frömmigkeit keinen Einwand dagegen zu haben, im Gegenteil, das Sterben „fürs Vaterland“ (Z. 12) scheint eine Ehre zu sein. Der Text sagt dies nicht ausdrücklich, doch kann der Leser diese Bedeutung unschwer aus dem ironischen Ton heraushören. Der „Tod fürs Vaterland“ impliziert den Krieg, in diesem Zusammenhang war stets, vor allem im Wilhelminischen Deutschland, gerne die Rede davon. Damit wird erkennbar, daß die „Preuß'schen Eisenbahnen“ den Staat repräsentieren sollen. Der Wohlstand der Untertanen ist nur bescheiden, da man sparen muß. An dieser Stelle nimmt der Text das scheinheilige Nützlichkeitsdenken aufs Korn: „wo das Sparen / Keinen Nachteil involviert;“ (Z. 13/14) und entlarvt im Vorbeigehen die Geschraubtheit der offiziellen Sprache („involviert“). Im Krieg kann auch eine Hinrichtung den Tod fürs Vaterland bringen („füsiliert“, Z. 16). Das Ergebnis der Sparsamkeit sind zur Freude des Staates volle Staatskassen, ‚der Fiskus klimpert voll Ergötzen‘ (Z. 17/18) damit. Doch in der 5. Strophe zerbricht die bisherige heitere und zufriedene Grundstimmung des Gedichtes, die Kategorie „Plötzlich“ (Z. 19) markiert diesen Umschwung. Der Grund für die plötzliche Panik ist „ein buntes Zeitungsblatt“ (Z. 20), das in der Folge als „Unheil“ (Z. 23) und als „Verderben“ (Z. 25) bezeichnet wird, vor dem „Gott“ (Z. 31), mit dem sich der Staat offenbar im Bunde glaubt, uns bewahren solle. Der Grund für diesen „Schreck(en)“ (Z. 21) vor der Zeitung ist, daß diese sich mit dem „Teufel“ (Z. 33) verbündet habe, um den Staat „in die tiefste Hölle“ (Z. 36) zu reißen. Das Mittel hierzu sei der Bund mit „dem freien Geist“ (Z. 34), was unschwer als Ironie zur Entlarvung des obrigkeitlichen Denkens zu erkennen ist. Daß der freie Geist der bisher als so positiv beschriebenen Ordnung zu widersprechen scheint, erweist die Fragwürdigkeit, Brüchigkeit und

Scheinheiligkeit der staatlichen Machtwahrung. Die Machtmittel des Staates (Hinrichtung) haben nichts mit Freiheit gemein. Und eben solche nicht-freiheitlichen Mittel werden eingesetzt, um die Zeitung zu bekämpfen, sie wird um jeden Preis „konfisziert" (Z. 28) und „verboten" (Z. 37). Der Staat weiß sich nur mit repressiven Machtmitteln zu helfen, um die Untertanen in ihrer notwendigen Dummheit zu erhalten.

Das ‚Auf-den-Gleisen-Herumdrehen' (Z. 39/40) erinnert an die Formulierung vom Im-Grabe-Herumdrehen, die stets das vermutete Entsetzen eines Verstorbenen ausdrücken soll. Die Toten, die der Staat bei seinem Weg ‚auf der Strecke' („auf den Gleisen", Z. 40) gelassen hat, scheinen keineswegs mit dieser Unterdrükkung des freien Geistes zufrieden zu sein. Dieses Entsetzen der Toten wird auch verständlich, denn indem der Sprecher des Gedichtes in den letzten beiden Strophen sein bis dahin scheinbares Einverständnis mit dem Staat aufgibt und den Zweck der Zeitung unverstellt mit „dem Wohl der Untertanen" (Z. 43) angibt, wird das Verhalten des Volkes verurteilt: „Das Volk bleibt stumm." (Z. 38). Die lautliche Ähnlichkeit von „stumm" zu „dumm" ist sicher nicht ganz zufällig. Die Regierung dieses Staates kann ihre Macht nur durch die Unterdrückung der „Wahrheit" (Z. 44) bewahren, wozu die Volksverdummung, auch unter Zuhilfenahme der Religion, dient.

Die letzte Strophe verwendet wieder deutlich erkennbar Zitat und Kontrafaktur als rhetorische Strategie. Dieses Mal ist es die – heute nicht mehr gebräuchliche – erste Strophe der deutschen Nationalhymne („Deutschland, Deutschland über alles"), die als parodierte Vorlage fungiert. „Perle du des Erdenballes, /Sag' mir wie dir das gefällt?" (Z. 47/48) – der Sprecher des Gedichtes vermag seine Verbitterung nur noch schwer hinter Zynismus zu verbergen. Der Text läßt an provokativer Deutlichkeit nichts zu wünschen übrig. Kein Wunder also, wenn Wedekind selbst Schwierigkeiten mit der Instanz hatte, die er hier thematisiert: der vom Staat eingesetzten Zensurbehörde.

Frank Wedekind wurde 1864 geboren, studierte deutsche und französische Literatur und Jura, arbeitete zeitweilig als Werbechef der Firma Maggi, später als Mitarbeiter der Zeitschrift *Simplicissimus,* als Dramaturg und Schauspieler. Für das Münchner Kabarett „Die elf Scharfrichter" schrieb er Texte. 1918 starb er.

Wedekind ist vorwiegend wegen seiner Dramen berühmt geworden, obwohl diese zu seinen Lebzeiten nicht so häufig gespielt wurden, wie er sich dies wohl gewünscht hätte. Ein Grund hierfür ist darin zu sehen, daß er in diesen Werken Tabu-Themen der Jahrhundertwende aufgriff. In *Kinder und Narren* behandelte er die Emanzipation der Frau, in *Frühlings Erwachen* stellte er die Nöte eines Pubertierenden in einer autoritären Erwachsenenwelt dar. *Lulu* bildet eine konzentrierte Kritik an der frauenfeindlichen Männerwelt. Mit seinen literarischen Werken hatte Wedekind immer wieder Probleme mit der Zensur. Änderungen an Werken waren für die Veröffentlichung erforderlich, die Restauflage von *Die Büchse der Pandora* wurde unter gerichtlicher Aufsicht vernichtet.

Der *Simplicissimus* war 1896 gegründet worden, und immer wieder wurde eine Ausgabe wegen Unsittlichkeit konfisziert, denn der *Simplicissimus* war herausfordernd frech. Von den vielen namhaften Mitarbeitern des *Simplicissimus* (Heinrich und Thomas Mann, Arthur Schnitzler, Richard Dehmel, Hermann Hesse) ist die Mitarbeit Wedekinds die interessanteste. Vorsichtshalber schrieb Wedekind unter verschiedenen Pseudonymen (Hieronymus, Hermann, Kaspar Hauser, Simplicissimus, Benjamin, Müller von Bückeburg, Ahasver). Trotzdem handelte er sich mit seinem Gedicht *Im Heiligen Land,* in dem er die großspurige Reisediplomatie des Kaisers angriff, im Jahre 1898 eine Anklage wegen Majestätsbeleidigung ein. Zunächst entzog er sich durch eine Flucht nach Österreich den Behörden, stellte sich aber nach seiner Rückkehr acht Monate später. Seine Strafe betrug sieben Monate Gefängnis, die auf Festungshaft gleicher Länge gemildert wurde.

Daraus wird deutlich, welchen konkreten gesellschaftlichen Hintergrund das hier besprochene Gedicht hat. Der *Simplicissimus* war von der staatlichen Obrigkeit wegen unbequemer und kritischer Äußerungen immer wieder kontrolliert und konfisziert worden. Auf eines der Verkaufsverbote des Simplicissimus im Berliner Bahnhof hatte Wedekind mit folgenden Zeilen reagiert:

Maulkorb, Maulkorb über alles;
Wenn der Maulkorb richtig sitzt,
Wird man immer schlimmstenfalles
Noch als Hofpoet benützt.

Aber glaubt nur nicht, ich rede
Hier von preußischer Dressur!
Nein bei Gott, ich meine jede
So im allgemeinen nur.[24]

Die hier vorliegende Parodie auf die Nationalhymne („Maulkorb, Maulkorb über alles“) weist darauf hin, daß das Gedicht *Auf den Preuß'schen Eisenbahnen* nicht nur als Kritik an den Beschränkungen des *Simplicissimus* gelesen werden darf. Wedekind zielt auf die Hintergründe dieser Umstände. Der *Simplicissimus* steht hier nur beispielhaft für jede Art kontrollierten und zensierten Schrifttums und damit für die Beschränkung freier Meinungsäußerung und freien Denkens überhaupt. Eine staatliche Macht, die ihren Stand nur wahren kann, indem sie jede Opposition an der Wurzel unterbindet, war und ist verwerflich. Das Gedicht Wedekinds ist insofern ein Zeitgedicht, als es konkret auf die Zustände im damaligen Preußen zielt, auf einen von den Intellektuellen als aufgeblasen erkannten Kaiser, der sich anmaßte, der Kunst Maßstäbe zu setzen, da er einerseits selbst kein intellektuelles und kulturelles Niveau hatte und da er andererseits seine Macht in keiner Weise angreifen lassen wollte. In zweiter Linie zielt das Gedicht aber auch auf die Bürger in einem braven Untertanengeist, die die Repressivität der Staatsmacht nicht durchschauen, sondern selbst in ihrer dümmlichen ‚Frömmigkeit‘ den „freien Geist“ als Werk des „Teufels“ verdammen.

Den Text des Gedichtes könnte man sich, wie bereits gesagt, gesungen vorstellen. Als Ort für die Präsentation eines solchen Liedes in der Art eines Bänkelgesangs wäre das Kabarett vorstellbar. Manche Literaturtheoretiker und Kritiker der Zeit sahen in dem Kabarett ein wichtiges Forum der Literaturvermittlung. Das Kabarett war ein wichtiger Bestandteil der literarischen Szene der Jahrhundertwende, und Wedekind hat als Textschreiber für das zu seiner Zeit wohl bedeutendste Kabarett „Die elf Scharfrichter“ einen wichtigen Beitrag zur Schaffung einer deutschen Kabarett-Kultur nach französischem Vorbild geleistet.

4.1.3
Richard Dehmel: „Der Arbeitsmann"

Auf den ersten Blick fällt bei dem Gedicht *Der Arbeitsmann* (Erstdruck 19.12.1896 im *Simplicissimus*) die weitreichende Parallelität der Strophen auf. Das läßt im ersten Moment an eine Liedform denken, zumal die Wendung „Nur Zeit" (Z.7, 14, 21) refrainartig wiederkehrt. Doch bei näherem Hinsehen sind Elemente zu erkennen, die der liedhaften Einfachheit widersprechen. Der Rhythmus entspricht nicht der Regelmäßigkeit liedhafter Sprachprägung. Es läßt sich kein gleichförmiges Metrum feststellen, der natürliche Sprachrhythmus ist nur behutsam überformt. Dadurch wohnt dem Text eine unterschwellige Unruhe inne. Die jeweils zwei zweisilbigen Kurzverse (zwei Hebungen!) pro Strophe erfahren dadurch, daß sie den Langversen das Gegengewicht halten müssen, eine starke – auch sinnmäßige – Betonung. Auch dies widerspricht der sprachlichen Einfachheit. Die Überschrift muß gleich zu Beginn beachtet werden, da sie einen Hinweis auf den Sprecher des Gedichtes gibt. Erst dadurch, daß der Sprecher, der stets „wir" sagt, als „Arbeitsmann" erkannt ist, kann der Sinn der Aussagen erschlossen werden. Das Gedicht ist ein Rollengedicht. In der 1. Strophe drückt der Sprecher seine Zufriedenheit mit der materiellen Situation aus: „Wir haben ein Bett, wir haben ein Kind" (Z.1). Doch erweist sich diese Zufriedenheit und Bescheidenheit bei näherem Hinsehen als eine scheinbare. Denn mit der Angabe von einem Bett als Besitz wird nur etwas genannt, was zum Lebensnotwendigsten zu zählen ist; ein Kind kann nicht als Besitz im eigentlichen Sinne gerechnet werden, wohl kann es Quelle der Glückserfahrung sein. Daß das Arbeit-Haben (Z.3) als Grund für die persönliche Zufriedenheit zählt, weist auf die schlimmen Zustände hin, in deren Rahmen das Nicht-arbeitslos-Sein als Ausnahmezustand zu gelten scheint. Die sonstigen Besitztümer, die der Sprecher des Gedichtes als sein eigen nennt, gehören zum Bereich der Natur: „die Sonne und Regen und Wind" (Z.4) und „das blaue Schwalbenvolk" (Z.11), und somit zu den Dingen, an denen jeder teilhaben und die einem niemand nehmen kann. Die Aufzählung der Dinge, die sich im Besitz der als „wir" Bezeichneten befinden, steuert aber darauf zu, einen erkennbaren Mangel zu nennen: „Nur Zeit" (Z.7 und

14). Das Fehlen von Zeit hat aber für den Arbeitsmann eine spürbare Folge, sie sind nicht „frei" (Z. 6) und nicht „schön" (Z. 13). Der Vergleich „wie die Vögel sind" (Z. 6 u. 13) deutet darauf hin, welche Bedeutung diese Attribute für den Sprecher haben. Freiheit und Schönheit werden als naturgegebene, jeder Kreatur eigene Eigenschaften erkannt und gewinnen damit in diesem Kontext die Qualität eines Grundrechtes, welche Bedeutung sie in der heutigen Gesellschaftstheorie auch haben. Das läßt die Bezeichnung des Zeitmangels als „eine Kleinigkeit" (Z. 5) als Ironie erkennen.

Doch inwiefern beraubt ein Mangel an Zeit die Menschen der Freiheit und Schönheit? Zur Beantwortung dieser Frage muß man den geschichtlichen Hintergrund dieses Gedichtes berücksichtigen. Die Arbeitszeitverkürzung war von jeher ein Thema des Arbeitskampfes zwischen der Arbeiterbewegung, meist vertreten durch Gewerkschaften, und den Arbeitgebern; im 19. Jahrhundert war die Forderung nach Arbeitszeitverkürzung ganz wesentlich. Die Arbeitszeiten überstiegen in der Regel zwölf Stunden am Tag, auch für Kinder unter sechzehn Jahren. Daß danach wenig Zeit blieb, um zu sich selbst zu kommen, liegt auf der Hand, zumal zu Hause ein Haushalt versorgt werden mußte, denn im Falle der Familie des hier sprechenden Arbeiters arbeitet auch seine Frau („gar zu zweit", Z. 3). Die tagesfüllende Arbeit im Dienste eines Arbeitgebers wird als Entfremdung von der eigenen Persönlichkeit erfahren. Die „Vögel" (Z. 6 u. 13) fungieren als Sinnbild für ein erfülltes Leben ohne Selbstentfremdung im Besitz der natürlichen Grundrechte („frei", Z. 6; „schön", Z. 13).

Die 3. Strophe bringt eine Wendung. Das Ausrufezeichen hinter der diesmal am Strophenbeginn stehenden Wendung „Nur Zeit!" (Z. 15) deutet diese um und markiert damit den Umschwung. Sie stellt nun nicht mehr die nach dem Doppelpunkt folgende Feststellung dessen, was fehlt, dar, sondern einen für sich stehenden Ausruf. Dieser Ausruf leitet eine wie eine Drohung wirkende Aussage ein: „wir wittern Gewitterwind" (Z. 15, mit unterstreichender Figura etymologica[25] <u>wittern</u> Ge<u>witter</u>wind). Mit „wir" (Z. 15) ist nun nicht mehr wie vorher die Kleinfamilie gemeint, sondern das „Volk" (Z. 16), was in Z. 16 deutlich wird. Durch die Isolierung dieser Nennung in der Kurzzeile wird „wir Volk" (Z. 16) in eine Reihe gesetzt mit „mein Weib" (Z. 2) und „mein Kind“ (Z. 9), die in den vorangegangenen Strophen an der entsprechenden Stelle genannt wurden. Diese strukturelle Parallele erhebt damit das Volk zu einer über die Familie hinausreichenden Gemeinschaft, zu der der Arbeiter sich zugehörig fühlt. Aus dem Zusammenhang ist zu erschließen, daß mit „Volk“ hier nicht die Gesamtheit einer Bevölkerung gemeint ist, sondern daß „Volk“ eine Volksgruppe, die der unterprivilegierten Arbeiter, ist. Denn der symbolisch zu deutende „Gewitterwind“ (Z. 15) soll Zustände verändern, die einen weiteren Mangel der zu „Volk“ verallgemeinerten Bevölkerungsgruppe verursachen: „uns fehlt nichts, [...] / als all das, was durch uns gedeiht.“ (Z. 18/19).

Die Arbeiter kommen selbst nicht in den Genuß der Früchte ihrer Arbeit. Damit wird das Problem der Entfremdung weiter konkretisiert. Der Ertrag der Arbeit, die die gesamte Tages- und Lebenszeit in Anspruch nimmt, wird den Arbeitern vorenthalten. Hier scheinen Gedanken durch, die der Theorie von Karl Marx nahestehen. Dafür spricht auch die Gewißheit, mit der die Veränderung prophezeit wird, in der allerdings auch ein wenig Resignation mitschwingt in der ironischen Wendung: „Nur eine kleine Ewigkeit“ (Z. 17). Die hiermit evozierte Revolte ist wohl auch mitgedacht, wenn in der 3. Strophe die Vögel als Sinnbild wieder aufgegriffen und diesmal als kühn charakterisiert werden. Zusammen mit den parallelen Begriffen der beiden anderen Strophen entsteht eine Steigerung: „frei“ (Z. 6) – „schön“ (Z. 13) – „kühn“ (Z. 20). Die letzte Zeile behält die Umwandlung der Wendung „Nur Zeit!“ in einen Ausruf bei, welcher wie eine abschließende Bekräftigung wirkt und den Rahmen in der 3. Strophe schließt.

Das ganze Gedicht ist in seiner strengen Strukturierung durch Parallelen, Wiederholungen, Entsprechungen und Abwandlungen auf die 3. Strophe hin angelegt. Indem diese sich formal so klar auf die vorhergehenden Strophen bezieht, deutet sie deren Aussagen um und macht sie und die in ihnen verwendete rhetorische Technik der Ironie erst verständlich. Ebenso ist der Titel des Gedichtes unbedingte Voraussetzung für das Verständnis, da das hier angelegte Rollenspiel sonst nicht durchschaut werden könnte. Die sich in der letzten Strophe ankündende politische Unruhe findet ihren sprachlichen Niederschlag im Gedicht auch im Rhythmus, welcher durch seine Unregelmäßigkeit das unterschwellige ‚Brodeln‘ symbolisiert.

Das Gedicht *Der Arbeitsmann* beschäftigt sich eindeutig mit der sozialen Frage und bezieht auch klar Stellung. Insofern ist der Text dem *Naturalismus* zuzurechnen. Die Sympathie des Verfassers ist auf der Seite des Arbeitsmannes. Nicht zuletzt dies mag zu der ungeheuren Popularität Dehmels um die Jahrhundertwende beigetragen haben. Dehmel trat bei sozialdemokratischen Veranstaltungen auf, las – z. T. auf ausdrücklichen Wunsch hin – aus seinen Gedichten, veröffentlichte in sozialdemokratischen Zeitschriften und wurde deshalb geehrt. *Der Arbeitsmann* stand 1901 auf dem Programm des Münchner Kabaretts „Die elf Scharfrichter". Viele seiner Gedichte sind auch vertont worden, *Der Arbeitsmann* von Richard Strauß.

Doch muß dieses soziale Engagement der Literatur problematisiert werden: Eine wirkliche Arbeiterliteratur, also eine von Arbeitern rezipierte oder gar verfaßte Literatur existierte am Ende des 19. Jahrhunderts nur am Rande. Die tragende Schicht des Lesemarktes waren die Bürger. Für sie muß der Arbeiter mit seinen Lebensbedingungen als literarisches Thema ein Einblick in eine fremde Welt bleiben. Auch bleibt, wenn ein Privilegierter die Partei der Unterprivilegierten ergreift, aber seine privilegierte Stellung beibehält, sein Engagement zwiespältig. Ein anderes Gedicht Dehmels läßt diese Problematik noch deutlicher werden. Die Ballade *Ein Märtyrer* schildert, wie ein Bergmann aus Pflichtbewußtsein bei unsicherem Wetter und brüchigem Eis nachts einen zugefrorenen See überquert, um Flugblätter, die den Wahlsieg ermöglichen sollen, ans andere Ufer zu bringen. Er bricht ein und ertrinkt. Bei der Lektüre dieses Textes wird erkennbar, daß man der sozialen Frage am Ende des 19. Jahrhunderts nicht gerecht werden kann mit einer romantisch-schaurigen Ballade, die auch in früheren literarischen Epochen nicht von hoher Qualität gewesen wäre und die Grenze zum Kitsch bereits überschritten hat:

[...]
Leb wohl! – Ins Schloß die Klinke knallt.
Die Windsbraut stöhnt und ächzt im Schlot.
[...]
Schrill winselt's im Schilf, hohl röchelt's im Rohr.
Hui! zischt es und pfeift's in den Binsen.
[...]

Diese beiden Textausschnitte können zweierlei zeigen. Erstens gehört dieser in diesen Zeilen entworfene behagliche Schauder einer anderen Zeit an und wird dem Problem der sozial benachteiligten Arbeiter weniger gerecht als *Der Arbeitsmann*, lenkt eher davon ab. Zweitens zeigt die Formulierung „die Klinke knallt", daß hier jemand mit Gewalt nach sprachlichen und lautlichen Ausdrucksmitteln sucht. Das Bild ist weder stimmig noch schön. Die Windsbraut, die im Schlot stöhnt und ächzt, hat als bildliche Vorstellung eher eine komische Wirkung und erscheint ebenfalls als gewaltsame Ästhetisierung der Sprache. Solche Gedichte können heute bestenfalls noch als historische Belege interessieren, keinesfalls als sprachkünstlerische Gebilde. Trotz der zeitweiligen Anerkennung, die Dehmel in der literarischen Welt gefunden hat, ist uns aufgrund solcher Textbefunde heute leicht verständlich, warum Dehmel in der Literaturgeschichte eine marginale Position innehat.

4.2 Exkurs 2: Zur Motivgruppe „Natur"

„Natur" war fast in jeder Epoche eines der wichtigsten Themen der Lyrik. Darum kann gerade ein Vergleich von Gedichten, die dieses Motiv aufgreifen, in besonders hohem Maße dazu beitragen, die Eigenarten einer lyrischen Epoche klar zu verdeutlichen. Ein Vergleich motivgleicher Gedichte aus unterschiedlichen Epochen würde dazu am besten taugen. Hier in diesem Rahmen können allerdings nur einige allgemeine Hinweise einen solchen historischen Vergleich ersetzen. Aber auch innerhalb der Epoche können verschiedene Gedichte die unterschiedlichen Sehweisen der Dichter andeuten.

Selten ist die Beschreibung der Natur in Gedichten Selbstzweck. Meist erfüllt die Natur die Funktion einer Hintergrundfolie für subjektive Erlebnisse oder als Katalysator für weltanschauliche Reflexionen. Doch das Verhältnis des Ich zur Natur in den Gedichten der Jahrhundertwende ist ein besonderes und zeigt ganz unterschiedliche Ausprägungen.

Arno Holz (*Im Thiergarten*) geht von einem konsequenten Naturalismus aus, der die minuziöse Wiedergabe der Außenwelt in der Literatur zum Programm erhob. Er entwickelt diese Genauigkeit des Naturalismus zu einem aufmerksam beobachtenden Impressionismus, indem er die Eindrücke der Natur als Spiegelbilder im Inneren des beobachtenden Subjekts wiedergibt.

Stefan George erlebt Natur im Bereich einer künstlich geschaffenen Natur. Der Park (*Komm in den totgesagten park*) wird zum Ort der ästhetischen Erfahrung, nicht der individuellen Empfindung. Auch in seinem Gedicht *Gemahnt dich noch das schöne bildnis* ist der Park das Ziel des Rückzugs aus der als „wild" erfahrenen freien Natur. Der Herbst als Moment einer sterbenden Natur und der Melancholie des Menschen ist die bevorzugte Zeit in Georges Gedichten.

Rainer Maria Rilke sucht bewußt die Distanz zur Natur. Das Tier *(Der Panther)* wird zum Gegenstand der Beobachtung. Allerdings ist es auch bei Rilke nicht das Tier in der freien Wildbahn, sondern das in Gefangenschaft. Die Intention der beobachtenden Erfahrung mit dem Tier ist die Ergründung dessen tieferen Wesens. Die Reflexion über den Wesenskern eröffnet die Perspektive auf den Menschen.

4.2.1
Arno Holz: „Im Thiergarten"

Arno Holz wurde wie Dehmel 1863 geboren. Wenn er auch nicht im Mittelpunkt des Interesses beim heutigen Lesepublikum steht, ist er dennoch nicht dermaßen in Vergessenheit geraten wie Dehmel. Denn einerseits hat er den Anspruch auch an sich selbst, hochrangige Werke zu schreiben, eingelöst; andererseits ist Holz durch seine theoretischen Reflexionen für die naturalistische Literatur sehr wichtig geworden. Sein Ziel war die Revolution der Literatur. Zwar hat er dies nicht erreichen können, doch hat er der gesamten modernen Literatur wichtige Anstöße gegeben. Seine bedeutendsten Leistungen liegen im Bereich der Lyrik.

In Berlin schloß er sich einem Kreise junger Literaten an, die die deutsche Literatur im Sinne des Naturalismus erneuern wollten. Ausgehend von der Milieubedingtheit des menschlichen Charakters und folglich auch Handelns sahen die Naturalisten die zentrale Aufgabe der Literatur in der präzisen Beschreibung des Menschen und seiner Bedingungen. Dazu gehörte z.B. auch die Wiedergabe des Dialekts und all der Regelwidrigkeiten der gesprochenen Alltagssprache. Die minuziöse Wiedergabe der äußeren Wirklichkeit in all ihren Details und Veränderungen von Sekunde zu Sekunde wird mit dem Begriff „Sekundenstil" gekennzeichnet. Dabei ging es Holz aber nicht darum, eine Realität rein äußerlich abzubilden, sondern das dahinter stehende Innere sollte erkennbar werden.

Seine Gedanken zur Literaturtheorie hat Holz in den theoretischen Schriften *Die Kunst. Ihr Wesen und ihre Gesetze* und *Die Revolution der Lyrik* niedergelegt. Seinen Entwurf eines neuen Gedichttypus' in *Die Revolution der Lyrik* belegte er in seinem Gedichtzyklus *Phantasus*, aus dem das hier vorgestellte Gedicht stammt. Mit diesen Gedichten gab er, zusammen mit dem Reim und dem Metrum, auch die damit verbundenen traditionellen Strophenformen auf. Die verschieden langen Zeilen entsprechen syntaktischen oder semantischen Einheiten und werden nicht mehr linksbündig angeordnet, sondern auf eine imaginäre Mittelachse zentriert (Mittelachsengedichte). Statt der schematischen Regelmäßigkeit sollte der natürliche und, wie Holz sagte, notwendige Sprachrhythmus das Gedicht prägen.

Das Thema des *Phantasus* ist das Verhältnis des Dichters zur Welt. Der Zyklus sollte ein Weltgedicht, ein Gegenstück des 20. Jahrhunderts zu Goethes *Faust* werden. Ähnlich wie Goethe am *Faust* arbeitete Holz auch sein Leben lang am *Phantasus,* und das Werk wuchs auf einen gigantischen Umfang.

Verfügte das Gedicht *Im Thiergarten* (Erstdruck: *Die Jugend,* Nr. 3, 1898) nicht über seine besondere optische Anordnung, käme man schwerlich auf den Gedanken, daß es sich um ein Gedicht handeln könnte. Als Unterschied zu der ‚üblicheren' Gedichtform fallen die unregelmäßig langen Zeilen, das Fehlen eines Endreims und eines metrischen Schemas als erstes ins Auge. Die im Text vorhandenen Umstellungen der gewöhnlichen Satzstellung in Z. 1 und 5 sind in der Normalsprache nicht ungewöhnlich, sondern zeigen durch die Inversion die Hervorhebung des an den Satzanfang Gestellten an. Trotzdem erkennt man, daß der Rhythmus gegenüber der Alltagssprache vorsichtig geglättet ist, rhythmische Härten durch Häufung von Hebungen oder Senkungen vermieden wurden („sitz ich und rauche" statt ‚sitze ich und rauche', Z. 1). Insgesamt ist das Gedicht durch einen harmonischen Sprachfluß gekennzeichnet. Auf eine stärker als die Alltagssprache geformte Sprache weisen die Partizipien hin, die in auffallender Häufigkeit vorkommen, und die im 4. Abschnitt zu findenden Wortverbindungen „pfropfenzieherartig" (Z.8) und „siegellackrot" (Z.9).

Den optischen Einheiten des Gedichtes entsprechen auch die fünf Sinnabschnitte. Außer dem letzten werden alle Abschnitte mit einer das Statische bezeichnenden Raumangabe eingeleitet („Im", Z.1; „Vor", Z.3; „Ueber", Z.5; „Unter", Z.6). Damit wird sowohl der beschreibende Charakter des Gedichtes deutlich, als auch die Blickrichtung des sich dem wahrnehmenden Subjekt anschließenden Lesers gelenkt.

Der 1. Abschnitt nennt mit „Thiergarten" (Z.1) und „Vormittag" (Z.2) Ort und Zeit, mit „ich" das wahrnehmende Subjekt, durch dessen Perspektive das Kommende vermittelt wird, und dessen Stimmung. Das Ich stellt sich im Moment des Müßigganges und der frohen Zufriedenheit vor: „sitz ich und rauche; / und freue mich über die schöne Vormittagssonne." (Z.1/2). Mit dem „Thiergarten" (Z.1) wird ein Berliner Park als Kulisse genannt, der mit „Kanal" (Z.3), „Brücke" (Z.5), „Kastanien" (Z.7) und „Kukuk" (Z.11) im ganzen Gedicht präsent bleibt. Das Ich gewährt dem Leser einen Einblick in sein Inneres, indem es ihm seine Freude über die Natur mitteilt.

Während im 1. Abschnitt mit ‚sitzen', ‚rauchen' und ‚freuen' noch Handlungen genannt werden, nennt der 2. Abschnitt nur noch das Wahrgenommene, den Kanal. Die ihm attribuierten Verben stehen alle in der Partizipform, wodurch sie den Handlungscharakter verlieren und auf Zuständliches deuten. Das Partizip I ist darüber hinaus das sprachliche Mittel zur Darstellung der Simultanität von Handlungen oder Vorgängen. In einem ruhigen Bild („leise schaukelnd", Z.4) wird die vom Ich wahrgenommene Natur geschildert. Zentral in der Wahrnehmung des Ich steht der Kanal als Spiegelfläche. Die zweimalige Vertauschung von Bild und Spiegelbild („beide Ufer leise schaukelnd", Z.4; „den dunklen, schwimmenden Kastanienkronen", Z.7) bildet ein Verfahren, das den Text von der gebräuchlichen Alltagssprache abhebt.

Der 3. Abschnitt führt eine weitere Person ein, die das harmonische Naturbild aber nicht stört: „Ueber die Brücke, langsam Schritt, reitet ein Leutnant." (Z.5). Er wird zum Teil dieses Bildes, sein Bild wird im 4. Abschnitt in das Spiegelbild aufgenommen. Wieder heben Partizipialkonstruktionen die Wahrnehmung des

Spiegelbildes ins Zuständliche und Gleichzeitige. Doch ist die Wahrnehmung, auch durch die Häufung von Raumangaben („Unter“, Z. 6; „zwischen“, Z. 7; „ins“, Z. 8), diesmal aufgesplittert. Das Spiegelbild des Leutnants wird durch die schon erwähnten Wortverbindungen beschrieben: „pfropfenzieherartig“ (Z. 8) und „siegellackrot“ (Z. 9). Mit dem Rot gerät Spannung in das bisher so ruhige und harmonische Bild. Die bisherigen optischen Vorstellungen lassen überwiegend die Farbe Grün assoziieren, zu der Rot die Kontrastfarbe bildet. Rot ist auch die Farbe, die häufig Bedrohung, Gefahr oder Aggression symbolisiert. Doch die beiden vergleichenden („-artig“) Adjektive helfen nicht nur, die optische Vorstellung zu konkretisieren, sie eröffnen der Vorstellungswelt auch Bezüge zu anderen Bereichen und kommentieren damit die Figur des Leutnants. Ein Pfropfenzieher (heute: Korkenzieher) in Verbindung mit einem Leutnant läßt wohl an Trinkabende im Offizierskreis eines preußischen Regiments denken. Das Siegel schafft den Bezug zu der hohen gesellschaftlichen Stellung eines Offiziers im Militärstaat eines Kaiser Wilhelm. Dieser Status des Leutnants ist auch in seiner räumlichen Plazierung versinnbildlicht, er ist in diesem Bild a u f einem Pferd a u f der Brücke plaziert. Im Gegensatz hierzu befindet sich sein Spiegelbild „Unter ihm“ (Z. 6). Und an der Wahrnehmung des Spiegelbildes wird nur der Teil hervorgehoben, der durch seine Farbwirkung in Kontrast zum Naturbild steht. Bildet das Spiegelbild eine verzerrende Karikatur des Offiziers? Soll die Farbenpracht der Uniformen, an die Holzens Zeitgenossen sicherlich erinnert werden, als Symbol für die Eitelkeit der Offizierskaste stehen, die in Gegensatz zu der Schlichtheit des ruhigen Naturbildes tritt? Ganz von der Hand zu weisen sind solche Gedanken nicht, wenn auch der impressive Charakter des geschilderten Bildes für sich alleine genommen eine hinreichende Interpretation bildet.

Der 5. Abschnitt gibt erstmals im Gedicht einen akustischen Eindruck wieder: „Ein Kukuk / ruft.“ (Z. 11/12). Neben dem 1. und 3. Abschnitt wird auch der 5. Abschnitt aus einem Aussagesatz gebildet. Die Aussagesätze sind von ihrer Konstruktion her schlicht im Vergleich mit den verschachtelten Nennungen im 2. und vor allem 4. Abschnitt. Auch dieses abschließende Bild eröffnet Interpretationsmöglichkeiten in verschiedene Richtungen. Man kann die mögliche kritische Deutungsvariante des 4. Abschnitts fortsetzen, indem man dem Kuckucksruf eine durchaus so erfahrbare, spöttische Wirkung unterstellt. Dann verbindet sich die Vorstellung vom Kuckuck als Schmarotzer mit dem Bild des Leutnants und überträgt seine Bedeutung auf diesen. Die Schicht der eitlen und standesbewußten Offiziere konnte von einem kritischen Kopf im Preußen der Jahrhundertwende auch durchaus als schmarotzende eingeschätzt werden. Nicht ohne Grund boten die preußischen Leutnants eine häufig anvisierte Zielscheibe für satirische Angriffe in der Zeitschrift *Simplicissimus.*

Doch so weit muß man nicht gehen, man kann den Kuckucksruf auch schlicht als akustische Abrundung des harmonischen, von sensiblen Wahrnehmungen geprägten Bildes sehen. In dem Moment, da dem beobachtenden Ich die Wahrnehmungen der Wirklichkeit und die Spiegelbilder zu einer Einheit verschwimmen, eröffnet der Kuckucksruf dem Gedicht mit der akustischen eine weitere Dimension. Das Verhältnis des Ich zur Welt ist in der Natur als Einheit erfahren worden.

Im Sinne der Holzschen Literaturtheorie kann man eine den Text transzendierende Symbolebene erkennen. Wie das Wasser als Spiegelfläche die Wirklichkeit reflektiert, dies aber nur ungenau vermag, damit aber der Wahrnehmung neue Dimensionen eröffnet, so spiegelt die Dichtung und allgemeiner die Kunst die äußere Wirklichkeit wider.

Das Gedicht steht an der Grenze zwischen dem naturalistisch motivierten Sekundenstil und der impressionistischen Eindruckskunst, zumal die Wahrnehmung der äußeren Wirklichkeit aus der Perspektive des wahrnehmenden Subjekts wiedergegeben wird und damit die subjektiven Empfindungen und Stimmungen („beide Ufer leise schaukelnd“, Z. 4) gegenüber der objektiven Welt dominieren.

4.2.2
Stefan George: „Komm in den totgesagten park ...“

Werk und Persönlichkeit Stefan Georges sind für den heutigen Leser nicht leicht zugänglich. Viele seiner Gedichte bestechen durch eine faszinierende, aber eigenwillige Schönheit; gleichzeitig kann ihr getragen-feierlicher, litaneienhafter Tonfall befremdlich wirken. Vollends problematisch stellen sich die Biographie und die literarische Intention Georges dar.

Stefan George wurde 1868 bei Bingen geboren und wuchs zum Teil zweisprachig auf. Nach dem Besuch des Gymnasiums ermöglichte das kleine Vermögen der Eltern ihm Reisen in die kulturellen Zentren Europas. Von diesem Zeitpunkt an verfügte er nie wieder für längere Zeit über einen festen Wohnsitz. In Paris machte George die Bekanntschaft unter anderen von Stéphane Mallarmé, Paul Verlaine, André Gide und Auguste Rodin. In Wien lernte er Hugo von Hofmannsthal kennen. Seit 1900 lebte er weitgehend zurückgezogen in einer selbstgewählten und sorgsam ‚kultivierten‘ Einsamkeit und pflegte Kontakt vor allem mit seinen Anhängern und Bewunderern. 1933 starb er nach einer frühzeitigen greisenhaften Gebrechlichkeit und einer langjährigen schweren Erkrankung.

Schon von früher Jugend an fühlte George sich zu hohem Dichtertum berufen, das er als schicksalhaften, fast religiös zu nennenden Auftrag verstand. Seine zunächst noch unsicheren Bestrebungen wurden gefestigt durch die Bekanntschaft und den Umgang mit den französischen Symbolisten (Mallarmé, Verlaine). Durch Übersetzungen und Nachdichtungen fremdsprachiger Gedichte, z. B. von Charles Baudelaires berühmtem Gedichtzyklus *Les fleurs du mal,* eignete er sich literarischen Geschmack und eine neue Sprache an. Ausgehend von dieser Bekanntschaft mit der modernen Lyrik glaubte er, auch in Deutschland die Kunst und das Leben grundlegend erneuern zu können. Als Organ hierfür gründete er 1892 seine Zeitschrift *Blaetter für die Kunst,* die in exklusiver Ausstattung und einer verschwindend geringen Auflagenzahl (anfangs nur 100 Exemplare) immerhin bis 1919 erschien. Im Vorwort zur ersten Ausgabe schreibt er: „In der kunst glauben wir an eine glänzende wiedergeburt.“[26] Wie bereits Friedrich Schiller ein Jahrhundert vorher glaubte George daran, durch Kunst den Geschmack der Menschen erziehen und damit zu einem neuen Menschentum beitragen zu können. In diesem Prozeß beanspruchte er für sich eine Führerrolle. In Hugo von Hofmannsthal hoffte er zunächst, einen als ebenbürtig eingeschätzten Verbündeten gefunden zu haben. In Briefen an ihn schrieb er von einer ‚grossen geistigen allianz‘[27], die eine ‚sehr heilsame diktatur in unserem schrifttum durch jahre hätte üben können‘[28]. Daß der anders eingestellte und veranlagte Hofmannsthal sich ihm entzog, schmerzte ihn sehr.

Im Gegensatz zum naturalistischen Ansatz sollte die Kunst sich dabei allerdings jedes konkreten Bezugs zur gesellschaftlichen Wirklichkeit enthalten, „eine kunst frei von jedem dienst: über dem leben nachdem sie das leben durchdrungen hat [...]"[29]. Die Kunst soll einzig um ihrer selbst willen da sein, „l'art pour l'art" war das von den französischen Vorbildern übernommene Schlagwort hierfür.

> Den wert der dichtung entscheidet nicht der sinn [...] sondern die form d.h. durchaus nichts äußerliches sondern jenes tief erregende in maaß und klang wodurch zu allen zeiten die ursprünglichen die meister sich von den nachfahrenden künstlern zweiter ordnung unterschieden haben.[30]

Das Wesen der Dichtung und insbesondere des Gedichtes bestimmte George genauer:

> Wir wollen keine erfindung von geschichten sondern wiedergabe von stimmungen keine betrachtung sondern darstellung keine unterhaltung sondern eindruck. [...] Gedicht ist nicht wiedergabe eines gedankens sondern einer stimmung. zum ersteren genügt das gewöhnliche wort zum zweiten bedürfen wir noch auswahl klang maass und reim.[31]

Die Lyrik bildete in Georges Rangordnung somit den Gipfel und die eigentliche Bestimmung literarischer Betätigung – die Beschäftigung Hofmannsthals mit dem Drama in späteren Jahren hat er nie gebilligt.[32]

Eine Lyrik, wie George sie bestimmt, muß sich in verstärktem Maße der musikalischen Qualitäten der Sprache bedienen. So ist Georges dichterische Sprache von hoher Musikalität. Reime, Alliterationen, abgemessene Vokallaute erzeugen eine reiche und harmonische Lautung; der Rhythmus ist von einer feierlichen Abgemessenheit. Die Selbständigkeit der einzelnen Worte tritt zurück, was durch die eigenwillige Orthographie und Interpunktion noch unterstützt wird.

Des sehers wort ist wenigen gemeinsam:
Schon als die ersten kühnen wünsche kamen
In einem seltnen reiche ernst und einsam
Erfand er für die dinge eigne namen –[33]

Aus diesen Zeilen wird deutlich, daß George keine Kunst für ein breites Publikum verfassen wollte. Vielmehr beschränkte er sich auf einen erlesenen Kreis Auserwählter und Berufener („wenigen“), deren Zugehörigkeit zu dem Kreis als Auszeichnung galt, und beanspruchte für sich die Rolle des prophetischen Verkünders („seher“). George umgab sich mit einem Kreis anfangs gleichaltriger, später vorwiegend jüngerer Literaten, die er als Jünger ansah und von denen er sich auch mit „Meister“ ansprechen ließ. Seinen Jüngern legte er strenge Lebensregeln ans Herz, und wenn einer von ihnen seine Gnade verloren hatte, blieb George mit seiner Verstoßung unerbittlich.

Seine Gedichtsammlungen und die *Blaetter für die Kunst* erschienen nur in sehr geringer Auflage, wurden nur in ausgewählten Buchhandlungen ausgelegt und bestachen durch die Exklusivität ihrer äußeren Aufmachung. Dem Ideal des Gesamtkunstwerks näherte sich George durch die druckgraphische Gestaltung der Ausgaben, sie wurden in der eigens für ihn entworfenen George-Schrift auf edles Papier gedruckt. Eigenwilligkeit drücken auch die Orthographie und die Zeichensetzung in den Gedichttexten aus: Alle Substantive sind mit wenigen Ausnahmen klein geschrieben; Kommata fehlen völlig und sind andeutungsweise durch hochgesetzte Punkte ersetzt, die aber statt einer syntaktischen Funktion zur rhythmischen Gliederung beitragen. Diese Eigenarten entlehnte George der Antike.

Wenn George auch vorgab, daß seine Dichtung nicht gesellschaftsbezogen sei, stellt sein Konzept von einem seelischen und ästhetischen Adel doch eine Antwort auf die gesellschaftlichen Gegebenheiten seiner Zeit dar. Der Rückzug auf die L'art-pour-l'art-Position ist nichts anderes als der Gegenentwurf zu dem imperialen Materialismus, der von ihm intendierte geistige Adel eine Alternative zu der Plattheit, Dummheit und Ungebildetheit vieler Zeitgenossen, die George vollkommen unerträglich waren.

In manchen kulturellen Situationen ist der Weg der anspruchsvollen Kunst in die Esoterik vorgezeichnet. In den *Blaettern für die Kunst* schrieb George einmal: „Seid ihr noch nicht vom gedanken überfallen worden dass in diesen glatten und zarten seiten vielleicht mehr aufruhr enthalten ist als in euren donnernden und zerstörenden kampfreden?“[34]. „Aufruhr“ ist als Ausdruck hier vielleicht zu stark gewählt, doch Provokation war Georges Dichtung in ihrer Zeit auf jeden Fall. Georges unbestreitbare Leistung für die Geschichte der deutschsprachigen Lyrik ist es, Einflüsse einer ‚modernen‘ europäischen Lyrik in Deutschland geltend gemacht zu haben. Der Dichter erfährt, sieht und empfindet künstlerisch typisierend. Das Private wird belanglos. Das Material Sprache gewinnt starken Eigenwert.

Schwieriger nachzuvollziehen ist Georges prophetischer Ernst und die Bedeutung, die in seiner Vorstellung der kunstvoll überformten Sprache zukommt: „Kein ding sei wo das wort gebricht.“ schreibt er in einem späten Gedicht.[35] Diese Überzeugung von der eigenständigen Realität der literarischen Sprache ist für den Leser, insbesondere den Literatur-Neuling, nur schwer einzusehen, ist allerdings zum festen Inventar moderner Dichtung geworden. Nicht überall gewinnt der Glaube an die Schöpferkraft der Literatur eine pseudoreligiöse Bedeutung und wird mit dem entsprechenden äußeren Gehabe betont wie bei George.

George fand in der Zeit der Jahrhundertwende ein Publikum, das für seine Wirkungsstrategie empfänglich war. Seine von ihm wohl absichtlich inszenierte Aura des Dämonischen und Herrscherlichen faszinierte manche Bewunderer. Auch Hofmannsthal, der sich ihm bewußt entzog, scheint von der Person beeindruckt gewesen zu sein. In seinem Gedicht *Der Prophet* schrieb er:

[...]
Sein Auge bannt und fremd ist Stirn und Haar.
Von seinen Worten, den unscheinbar leisen,
Geht eine Herrschaft aus und ein Verführen,
Er macht die leere Luft beengend kreisen
Und er kann töten, ohne zu berühren.[36]

1897 erschien Georges wohl bekanntester Zyklus *Das Jahr der Seele,* der die bekanntesten und schönsten Gedichte Georges und auch der deutschen Lyrik enthält.

Bereits in früheren Epochen haben Dichter ihre Gedichte in Sammlungen zusammengestellt (z. B. Goethe oder die Romantiker), seit Heinrich Heine erreichten solche Zyklen[37] auch den Umfang von ganzen Büchern. In früheren Zyklen ließen die Titel bereits erkennen, daß meist Gegenständliches als Vorwurf oder Thema des Gesamtzyklus' diente (z. B. *Die Nordsee* von Heinrich Heine). Um die Jahrhundertwende ist der Wille zur Gestaltung lyrischer Zyklen verstärkt zu beobachten, sie werden zum Stilprinzip. An den Titeln läßt sich der symbolistische Ansatz erkennen, sie sind von einer klangvollen Dunkelheit, welche sich auf die Einzeltexte überträgt. Georges lyrischen Zyklen ist in der Strenge ihrer Komposition z. T. die Bemühtheit ihrer Konstruktion anzumerken. Einzelne Gedichte wirken wie Füllsel, die lediglich dazu da sind, die zahlengeometrisch motivierte Anzahl an Gedichttexten zu vervollständigen. In solchen Gedichten begegnet man dann auch Reimen, die erzwungen statt selbstverständlich wirken.

Komm in den totgesagten park eröffnet den ersten von vier Teilen und damit den Zyklus *Das Jahr der Seele.* In diesem vorgeblichen Jahreszyklus erscheinen die Jahreszeiten nicht als Naturphänomene, sondern als Situationen und Phasen der Seele. Auch ist Natur hier nicht der Raum für subjektive Erlebnisse wie z. B. bei Goethe, sondern das Reich einer streng abgemessenen Schönheit, der Künstlichkeit, der Ästhetik. In diesem Reich haben heftige Gefühlsregungen keinen Platz.

Der erste Teil des Zyklus' trägt den Titel *Nach der Lese,* wonach man in dem Gedicht *Komm in den totgesagten park* ein Herbstgedicht vermutet. – Daß George den Turnus der Jahreszeiten mit dem Herbst beginnen läßt, ist bemerkenswert, die Jahreszeit Frühling fehlt ganz. – Tatsächlich weisen Formulierungen des Textes auf den Herbst hin: bunte Pfade, das Gelb der Birken, welkende Rosen, letzte Astern, Purpur des wilden Weins; und die letzte Zeile nennt ausdrücklich das herbstliche Gesicht. In seinem *Gespräch über Gedichte* läßt Hugo von Hofmannsthal die Figur Clemens über dieses Gedicht sagen: „Es ist schön. Es atmet den Herbst."[38] Etwas später heißt es bei Hofmannsthal:

> Diese Jahreszeiten, diese Landschaften sind nichts als die Träger des *anderen.* Sind nicht die Gefühle, die Halbgefühle, alle die geheimsten

und tiefsten Zustände unseres Inneren in der seltsamsten Weise mit einer Landschaft verflochten, mit einer Jahreszeit, mit einer Beschaffenheit der Luft, mit einem Hauch?[39]

In diesem Sinne entwirft der Text Georges nicht ein detailliertes Bild einer Herbstlandschaft, das sich in der Vorstellung rekonstruieren ließe, sondern überträgt eine Gestimmtheit auf den Leser. Dies gelingt mit Hilfe der sinnlichen Wirkungsmöglichkeiten der Sprache, ihrer musikalischen Qualitäten, präzise konstruierter Struktur und Evokationen des Optischen.

Der von George bevorzugte fünfhebige Jambus erzeugt einen ruhigen und gleichmäßigen Fluß. An zwei Stellen fallen sinnmäßige Akzente und metrische Senkungen zusammen: „Komm" (Z. 1) und „Dort" (Z. 5) verlangen nach einer stimmlichen Betonung. Ungewöhnlicher als die rhythmisch-metrische Gestaltung ist das Reimschema angelegt. Die 1. Strophe enthält Kreuzreim, die 2. Paarreim, wobei das erste Reimpaar den Reim der 1. Strophe wieder aufgreift, und die 3. Strophe umschließenden Reim. Bei Georges hohem Bewußtsein für den Reimklang wird nach dem Sinn einer solch ungewöhnlichen Anordnung zu fragen sein.

Bereits das erste Wort des Gedichtes durchbricht das metrische Schema und erhält damit eine sehr starke Betonung. Die imperativische Verbform des ersten Wortes eröffnet eine Reihe von auffallend vielen Imperativen, von denen sich der zweite bereits in der 1. Zeile findet: „schau". „Schau" trägt vom sprachlichen Gewicht her eine ebenso starke Betonung wie „Komm". Dem ersten Vers wohnt ein Widerspruch inne: „Komm in den totgesagten park und schau" (Z. 1). Ein nicht näher genanntes Gegenüber wird imperativisch dazu aufgefordert, sich im Park selbst von etwas zu überzeugen; wovon, wird nach dem Doppelpunkt als Gegensatz zu dem „totgesagt" aufgestellt. Und dagegen richtet sich der Widerspruch. Der Park – ein Ort der gehegten, geordneten, kultivierten Natur, der Künstlichkeit – ist von jemandem als tot bezeichnet worden, doch im Park mit seinen ‚weihern' und ‚pfaden' kann man sich vom Gegenteil überzeugen.

Doch von dem Park wird kein realistisches Bild gezeichnet. Verschiedene Wahrnehmungen und Assoziationen werden zusammengezogen, um ein freundliches („lächelnd", Z. 2 und „rein", Z. 3) und bedeutungsreiches Bild vom Zustand der Natur im Park zu entwerfen. Die realistische Vorlage für dieses Bild bildet das Aufklaren des Himmels mit durch die Wolken durchbrechendem Himmelsblau und Aufhellung. „gestade“ (Z. 2) läßt jedoch an Meeresküste denken und eröffnet zusammen mit Blau weitere Vorstellungsbereiche. Doch die als Widerspruch zu „totgesagt“ dargestellte Lebendigkeit der Natur ist nur vorübergehend und nicht erwartet, das Blau der Wolken ist als „unverhofft“ (Z. 3) bezeichnet[40]. Auch ist es kein strahlendes Licht, sondern nur ein „schimmer“ (Z. 2). In Wirklichkeit wird also keine Natur in vollem Leben und voller Blüte dargestellt, sondern das letzte Aufleuchten einer sterbenden Natur.

Dieses Bild vom „Noch“ des Herbstes wird in den beiden folgenden Strophen fortgesetzt. Die gleiche rhythmisch-metrische Konstellation und der ähnliche Vokallaut (o) am Strophenbeginn wie in der 1. Strophe verknüpfen diese beiden Strophen und schaffen einen inhaltlichen Bezug. Zeile 8 bringt die Aufforderung an den Gesprächspartner, einen Kranz zu flechten, der die Elemente von Herbst in sich aufnehmen soll („im herbstlichen gesicht“, Z. 12). Mit der Aufzählung dessen, was dem Kranz hinzugefügt werden soll, wird gleichzeitig die Beschreibung der Natur aus der 1. Strophe fortgesetzt. Und auch bei dieser Aufzählung wirken die Elemente nicht zusammen zu einer ausgeprägten visuellen Vorstellung, die einzelnen Elemente erscheinen mehr aus dem Sprachklang heraus kombiniert: „das tiefe gelb“ und „das weiche grau“ (Z. 5), „birken“ und „buchs“ (Z. 6). Mit „der wind ist lau“ (Z. 6) wird das Bild der 1. Strophe von der unerwarteten Wendung im Herbst fortgeführt. Die Darstellung bleibt bei den zarten und weichen Pastellfarben. Der Sprachklang und die durch den Wortsinn hervorgerufene Vorstellung stimmen überein: „weich“ (Z. 5) und „lau“ (Z. 6). Der bereits stattfindende Untergang der Natur bleibt weiterhin präsent: „Die späten rosen welkten noch nicht ganz“ (Z. 7). Während jedoch in der 1. Strophe die Natur nur beschrieben wird, wird sie in der 2. Strophe Gegenstand für menschliches Tun. Das Kranzflechten gerät unversehens zur weihevollen Handlung, Worte wie „Erlese“ und „küsse“ (Z. 8) schaffen die vorstellungsmäßige Verbindung zum sakralen Ritual. Sprecher und Ansprechpartner des Gedichtes scheinen sich über den zu flechtenden Kranz einig zu sein, es ist die Rede von „d e m kranz“ (Z. 8). Der Leser muß sich zwangsläufig fragen, was für ein Kranz gemeint sein könnte. Einerseits wird der Kranz zum kunstvollen und künstlich (künstlerisch?) geschaffenen Sinnbild des Herbstes, doch drängt sich bei Kranz auch der Gedanke auf, daß Kränze zur Ehrung von Herrschern und Künstlern dienten. Soll hier ein Ehrenkranz gewunden werden, womöglich für den Dichter?

Die „lezten astern" (Z. 9) und die Blätter des wilden Weins in der Herbstfärbung sind weitere Elemente des Herbstes, die in der 3. Strophe noch hinzugefügt werden. Doch in der 3. Strophe kommen andere Nuancen hinzu. Der Farbkontrast „purpur" (Z. 10) – eine edle Farbe! – und ‚grün' (Z. 11) ist von starker Intensität; dagegen bilden gelb und grau einen weichen Farbklang. Durch die Alliteration wird der rauhe Laut r betont, der etwas Lebendiges andeutet. Dies unterstreicht das Attribut ‚wild' (Z. 10). Vollends deutlich wird die Wandlung im Text bei den Worten „grünem leben" (Z. 11). Hier in der 3. Strophe ist neben dem Absterben der Natur noch der Lebenstrieb vorhanden. In den Kranz sollen beide Komponenten aufgenommen werden, die auch in der eingangs beschworenen Situation des Noch-einmal-Aufleuchtens enthalten sind, das vergehende Leben und der vorhandene Lebenstrieb. Der umschließende Reim verdeutlicht das Miteinschließen. Daß das Kranzwinden eine mühelose Beschäftigung ist („Verwinde leicht", Z. 12), versteht sich in einem Georgeschen Gedicht von selbst, eine anstrengende Tätigkeit ist aus dieser Welt des gemessenen Ästhetentums ausgeschlossen. So erstaunt es auch nicht mehr, wenn diese Parklandschaft im Herbst nicht zu einer Kulisse für subjektive Empfindungen wird, die Befindlichkeit der beiden im Gedicht anwesenden Personen wird mit keinem Wort erwähnt. Es sei denn, man betrachtet das Wort „Verwinde" (Z. 12) als doppeldeutig, dann deutet es auf einen zu bewältigenden Schmerz hin.

Die Leichtigkeit des Kranzwindens ist in der sprachlichen Prägung des Textes schon angelegt; das Reimschema kann auf das Kranzflechten bezogen werden, Kreuzreim, Paarreim und umschließender Reim verdeutlichen Nebeneinander-Liegen und Verschlungen-Sein der verschiedenen Bestandteile.

Durch das Wiederaufgreifen des Reimlauts -au aus der 1. Strophe in der 2. Strophe wird ein gedanklicher Bezug geschaffen (auch die Parallele im Rhythmus „Komm" – „Dort" unterstreicht diesen Bezug). Menschliches Tun und Naturbeschreibung werden miteinander verknüpft. Der Kranz dient zur Bewahrung des in der Natur Geschauten und wird dadurch zum die Zeit überwindenden und das Zeitliche bewahrende ästhetische Gebilde. Die strukturelle Korrespondenz zwischen der zweiten und dritten Strophe („flicht den kranz“ [Z. 8] und „Verwinde leicht im herbstlichen gesicht“ [Z. 12]) eröffnet dem Gedicht eine weitere Bedeutungsschicht. Der „kranz“ ist ein Gegenstand aus Naturprodukten, der selbst aber nicht in der Natur wächst, sondern vom Menschen künstlich hergestellt wird. „gesicht“ kann auch in der Bedeutung von „Vision“ gelesen werden und meint dann das Hinausschauen über die gewöhnliche Wirklichkeit mit einem geistigen Auge. Die kreative Tätigkeit des Kranzflechtens dient also zur Überwindung der Vergänglichkeit, zur visionshaften Überschreitung der Wirklichkeit. Hier schimmert Georges Vorstellung vom Künstler als „seher“ durch.

Wie sehr die Kunst um die Jahrhundertwende mit dem Glauben an einen Aufbruch in eine neue Welt und eine neue Zeit verbunden war, zeigt sich darin, daß Arnold Schönberg Georges Gedicht *Entrückung*, das mit den Worten: „Ich fühle luft von anderem planeten.“ beginnt, als Textgrundlage einer, seiner für die moderne Musik richtungsweisenden, Kompositionen auswählte und verarbeitete.

Einige ergänzende Hinweise zur Struktur des Textes: Zwischen der 1. und 3. Strophe bestehen Parallelen im Satzbau. Zeile 1 korrespondiert mit Zeile 9, Zeile 2 mit Zeile 10, und das Enjambement zwischen Z. 3/4 findet sich in Z. 11/12 wieder. Die 2. und die 3. Strophe bilden eine symmetrische Einheit mit Z. 8 als Achse. Zwischen Z. 7 und 9 bestehen folgende Entsprechungen: die Erwähnung von Blumen („rosen“ – „astern“), das Wort „nicht“, „späte“ und „letzte“, „welken“ und „vergessen“. Die Zeilen 6 und 10 erwähnen jeweils Astwerk und Blätter ohne Blüten („birken und buchs“ und „ranken wilder reben“) als Bestandteile für den Kranz.

Der Text wirkt durch seine kunstvolle Struktur und die Musikalität seiner Sprache. Weniger der denotative Gehalt der Wörter ist entscheidend für den Charakter und die Aussage des Textes. Er gewinnt seinen Charakter und seine Stimmung aus rational nicht vollständig auslotbaren Möglichkeiten. Der Symbolismus erwächst ja der gerade aus der Skepsis gegenüber einer als fragwürdig und unzureichend empfundenen Rationalität.

Als epochentypisch erweist sich das Gedicht in seiner Behandlung des Motivs Natur. Natur trifft nicht in ihrer ursprünglichen, gewachsenen Form auf, sondern Natur ist in der Zeit um die Jahrhundertwende Bestandteil des künstlich von Menschenhand geschaffenen Raumes Park. Auch bildet die Natur hier nicht den Raum oder Hintergrund für subjektive Erlebnisse oder die Projektionsfläche für die Gefühle eines lyrischen Ichs, welche Funktion die Natur in Gedichten vorangegangener Epochen häufig übernahm, sondern mit keinem Zeichen wird eine das Gedicht transzendierende Sinnebene beschworen. Die Emotionen der im Gedicht mehr oder weniger direkt auftretenden Personen bleiben vollkommen ausgespart.

4.2.3
Rainer Maria Rilke: „Der Panther"

Ganz im Gegensatz zu Hofmannsthal war Rilke in seiner Frühzeit alles andere als ein literarisches Wunderkind, er hat sich sein poetisches Konzept und seinen poetischen Stil erst langsam und allmählich erarbeitet.

Rainer Maria Rilke wurde 1875 in Prag geboren. In der Hoffnung auf eine gesellschaftliche Karriere über die Militärlaufbahn wurde der kleine Rilke auf eine Kadettenanstalt gegeben, die seiner sensiblen Natur alles andere als zuträglich war. Auch der Besuch einer Handelsakademie wurde nicht erfolgreich abgeschlossen.

> In Wirklichkeit verwandte er alle Energie darauf, Schriftsteller zu werden; er produzierte und veröffentlichte Unmengen von Texten, die in allen Farben schillern, die auf der Palette der deutschsprachigen Literatur des 19. Jahrhunderts zu finden sind. Der Rilke-Freund meidet sie lieber [...].[41]

Erst in der Begegnung und der Beziehung mit der Schriftstellerin Lou Andreas-Salomé, zu deren illustrem Bekanntenkreis u.a. Nietzsche und später Sigmund Freud gehörten, erwarb Rilke die ästhetische Bildung und den Geschmack, die ihm auf der Grundlage seines Talents das lyrische Werk ermöglichen konnten, das Weltrang erreichte. Seit dieser Zeit (1896) hatte Rilke nie über längere Zeit einen festen Wohnsitz inne. Er bereiste ganz Europa und war häufig Gast bei wohlhabenden, z.T. adligen Gönnerinnen und Gönnern. Den Durchbruch zu literarischer Qualität erreichte er in seinem Zyklus *Das Stunden-Buch*, das er unter dem Eindruck einer ausgedehnten Rußland-Reise schrieb. Nach dem Modell religiöser Litaneien in den christlichen Stundenbüchern der Klöster verwirklichte Rilke hierin durch die Fiktion eines russischen Maler-Mönchs als Sprecher eine neue lyrische Sprechweise und suchte eine neue Beziehung zur schal gewordenen Vorstellung zum Gott der christlichen Religion.

Nach der Entfremdung von Lou Andreas-Salomé reiste Rilke zu der norddeutschen Künstlerkolonie Worpswede, wo er bei den dort in einer naturnahen Siedlungsgemeinschaft lebenden Künstlern die Auffassung von einer neuen, nicht akademischen Kunst kennenlernte. Er heiratete die dort wohnende Künstlerin Clara Westhoff. Wegen finanzieller Schwierigkeiten trennte sich das junge Ehepaar bald wieder. Rilke nahm den Auftrag an, eine Studie über den französischen Bildhauer Auguste Rodin zu schreiben und reiste nach Paris, um diesen dort aufzusuchen.

Dieser Paris-Aufenthalt und die Begegnung mit Rodin brachte die zweite große Veränderung in seiner Kunstanschauung. Die folgenden Gedichte haben statt der pseudoreligiösen Inbrunst des *Stunden-Buchs* das Verhältnis des Subjekts zu den Dingen der äußeren Wirklichkeit zum Thema. „Die künstlerische Subjektivität (in romantischer Tradition) verschwindet; an die Stelle der Gefühle tritt das Objekt, dessen Existenz im Kunstwerk gerühmt wird.“[12] Rilke schafft mit den *Neuen Gedichten* einen neuen Gedichttypus, das sogenannte Dinggedicht.[43]

Im Nachklang des für Rilke bedrückenden Erlebnisses der Großstadt Paris entstand der Roman *Die Aufzeichnungen des Malte Laurids Brigge* (1910).

> In diesem Prosawerk brach Rilke völlig mit der Tradition des Romans des 19. Jahrhunderts, der über die Handlung, die geschlossene Erzählerkonzeption und die Figuren seine Konsistenz erhalten hatte. Der *Malte* ist über die Assoziation organisiert [...]. Das Ungeborgensein erscheint als die Quintessenz der modernen Existenz. Dieses Unbehaustsein wird aber am Ende [...] als Bedingung des Daseins angenommen.[44]

Zwischen 1910 und 1923 erschien, mit Ausnahme des *Marienlebens*, kein Buch von Rilke. Diese Jahre werden allgemein als Jahre der Krise gewertet. Erst 1923 vollendete Rilke die *Duineser Elegien*. In dunklen, schwer verständlichen Bildern entwirft er hier den Mythos von der Fremdheit des Menschen in der Welt:

> Wer, wenn ich schrie, hörte mich denn aus der Engel
> Ordnungen? und gesetzt selbst, es nähme
> einer mich plötzlich ans Herz: ich verginge von seinem
> stärkeren Dasein. Denn das Schöne ist nichts
> als des Schrecklichen Anfang, den wir noch grade ertragen,
> und bewundern es so, weil es gelassen verschmäht,
> uns zu zerstören. Und jeder Engel ist schrecklich.[45]

Auch die 1923 erschienenen *Sonette an Orpheus* sind diesem Thema gewidmet. 1926 starb Rilke in der Schweiz an Leukämie.

Der Rang seines Werkes in der Weltliteratur ist unbestritten, wenn auch das Sich-Einlassen auf dieses Werk nicht unproblematisch ist. Noch heute erfahren Person und Werk Rilkes mancherorts eine fast kultische Verehrung durch eine ‚Lesergemeinde'. Es finden Treffen und Kongresse auf Schlössern statt, in denen Rilke sich als Gast adliger Gönner zeitweise aufgehalten hat. Gerade die aristokratische Aura, die durch diesen Kult verstärkt wird, kann den heutigen Leser leicht abschrecken und den Blick auf das Wesentliche des Werkes, die lyrische Aussage über das Dasein des modernen Menschen in einer einzigartigen Rhetorik und lyrischen Sprache verdecken.

> Ich lerne sehen. Ich weiß nicht, woran es liegt, es geht alles tiefer in mich ein und bleibt nicht an der Stelle stehen, wo es sonst immer zu Ende war. Ich habe ein Inneres, von dem ich nicht wußte. Alles geht jetzt dorthin. Ich weiß nicht, was dort geschieht.[46]

Das Zitat stammt aus Rilkes Roman *Die Aufzeichnungen des Malte Laurids Brigge*. In diesem tritt ‚sehen' als eines der am häufigsten verwendeten Wörter auf. Das verwundert nicht, wenn man berücksichtigt, daß Rilke sich gerade in der Lebensphase, die den Entstehungshintergrund zu diesem Roman und zu dem Gedichtzyklus *Neue Gedichte* bildet, zu denen *Der Panther* (1903) gehört, intensiv mit bildender Kunst beschäftigte.

Der Entstehung der *Neuen Gedichte* waren sein Aufenthalt in der Künstlerkolonie Worpswede, seine Eheschließung mit der dort arbeitenden Künstlerin Clara Westhoff und seine Begegnung mit Auguste Rodin vorangegangen, dessen Privatsekretär er eine Zeitlang war. In der Moderne ist das Verhältnis der Dichtung zur bildenden Kunst sehr wichtig, und Rilke war einer der ersten Dichter, der sich intensiv mit der bildenden Kunst auseinandersetzte. In der Weltstadt Paris lernte er auch Baudelaire und Flaubert als literarische Leitbilder schätzen, aus dem Bereich der bildenden Künste wurden Rodin, Cézanne und van Gogh wichtige Anreger für seine neue Poesie.

Denn mit seinem Zyklus *Neue Gedichte* (zwischen 1902 und 1908 in zwei Teilen entstanden) fand Rilke zu seinem eigentlichen Stil, der seinen literarischen Rang begründet. Das *Stunden-Buch* lebte aus der Spannung zwischen der Sprechweise der betenden Frömmigkeit und dem Zweifel an den Inhalten der religiösen Lehre. Das *Buch der Bilder* war von der Technik des Einfühlens geprägt. „In den *Neuen Gedichten* verbindet sich diese psychologisierende Einfühlung mit der Beschreibung von Statuen, Bildern, Motiven.“[47]

Bei seinem Paris-Aufenthalt

> beeindruckten ihn in erster Linie gar nicht einmal die Werke der französischen Moderne, sondern die Verabsolutierung der Kunst, die Unterordnung des Lebens unter sie, die Selbstauslöschung des künstlerischen Subjekts, und das nicht allein als Lebensstil, sondern auch und vor allem als ästhetische Grundhaltung. Die künstlerische Subjektivität (in romantischer Tradition) verschwindet; an die Stelle der Gefühle tritt das Objekt, dessen Existenz im Kunstwerk gerühmt wird.[48]

Von Rodin hat Rilke die Überzeugung übernommen, daß künstlerisches Schaffen und damit auch Dichten harte Arbeit ist. Diese Arbeit wird aber als Prinzip des Schöpferischen erkannt und mit der Schöpferkraft der Natur gleichgestellt. Das Kunst-Ding wird damit dem Natur-Ding als gleichwertig an die Seite gestellt, ja sogar als dessen Erweiterung und Steigerung bewertet, da das Ding im Gedicht erst zu dem werde, was es eigentlich sei. Denn in der Präzision der Beobachtung und der Beschreibung löst sich die Grenze zwischen beobachtendem Subjekt und beobachtetem Objekt auf. Die Intention Rilkes ist es nicht, das Objekt aus der Natur möglichst getreu abzubilden, sondern „geschlossene, notwendige Kunstgebilde herzustellen, die wie die Naturdinge ihr eigenes Leben haben."[49] Wie das abstrakte Kunstwerk in der modernen Kunst gewinnt das poetische Bild konstituierende Autonomie. In diesem Bezug auf sich selbst und sein eigenes Wesen weist das poetische Bild über sich hinaus in Bereiche des nicht mehr Sagbaren und des Schweigens.

Der Untertitel des Gedichtes *Der Panther* erzeugt eine scheinbare Objektivität, die Rilkes Bemühen um eine neue Sachlichkeit zu entsprechen scheint. Doch der mit der präzisen Nennung eines realen Ortes in dem Untertitel des Gedichtes („Im Jardin des Plantes, Paris") erzeugte Eindruck der Objektivität ist irreführend. Der damit dem Leser vermittelte Anschein, daß der Beschreibende – und damit der Leser – sich direkt vor seinem Objekt, einem in einem Käfig eingesperrten Panther, befinde, ist nicht mehr als eine Illusion, denn das tatsächliche Vorbild für Rilke bildete vermutlich ein Gipsabdruck von einem Tiger, den Rodin besaß. Das Gedicht widmet sich nicht äußerlichen Details, so daß der Leser ohne die Information der Überschrift zwar eine Raubkatze als Gegenstand des Gedichtes vermuten könnte, doch Gewißheit darüber bietet das Gedicht ihm nicht. Das Interesse des Gedichtes gehört auch nicht der äußerlichen Beschreibung des Tieres, sondern seinem Wesen. Anhand dreier Beobachtungen wird die Annäherung an das Tier versucht: der Blick (1. Strophe), der Gang (2. Strophe) und die Reaktion des Tieres in einem besonderen Moment (3. Strophe).

Die Beschreibung des Blickes ruft die Vorstellung von einem abgestumpften Tier wach: „Sein Blick ist [...] / so müd geworden, daß er nichts mehr hält." (Z. 1/2) Der Grund für diese innere Verfassung des Tieres ist die Beschränktheit seiner Welt auf den kleinen Käfig. Die Gitterstäbe als Begrenzung dieser kleinen Welt bilden die einzige Wahrnehmung des Panthers. „Stäbe" erscheint in der 1. Strophe gleich dreimal, wird durch den End- und Binnenreim „Stäbe – gäbe" (Z. 1–3) und die Häufung des ä-Lautes hervorgehoben. Dicht an dicht scheinen die Stäbe zu stehen, sie erscheinen jedes Mal an einer anderen Stelle im Vers. Sie beherrschen die Wahrnehmung und das Fühlen des Panthers, die wiederholte Angabe der vom Panther empfundenen Anzahl „tausend" (Z. 3 u. 4) markiert den Eindruck der Eintönigkeit und Unermeßlichkeit. Kein Wunder, daß sich dem Panther die Wahrnehmung verkehrt; er nimmt sich selbst nicht mehr als etwas sich aktiv Bewegendes wahr, sondern die Stäbe erscheinen ihm als das Bewegte („Vorübergehen der Stäbe“, Z. 1). Der Panther erlebt nicht mehr sich als wahrnehmendes Subjekt, sondern seine eigene Wahrnehmung ‚geschieht‘ ihm, er ist passiv.

Von der Betrachtung des Blickes wendet der Betrachter seine Aufmerksamkeit dem Gang des Tieres zu. In der Bewegung des Tieres lebt noch die Kraft und Ungezähmtheit der Raubkatze. Als weich, geschmeidig und stark werden die Bewegungen des Tieres charakterisiert, obwohl es sich im Käfig nur im „allerkleinsten Kreise“ (Z. 6) bewegen kann. Der Bewegung des Tieres gehört die Bewunderung des Betrachters, er vergleicht sie mit einem „Tanz von Kraft“ (Z. 7). Im Zentrum der kreisenden Tanzbewegung stellt sich der Betrachter den ‚großen Willen‘ (Z. 8) des wilden Tieres als Huldigungsobjekt vor. In der Bestimmung des ‚großen Willens‘ als „betäubt“ (Z. 8) schwingt jedoch ein Maß an Bedauern mit. Bemerkenswert, wie Rilke dem Leser die geschmeidige Bewegung der Raubkatze mit sprachlichen Mitteln suggeriert: Der sprachliche Rhythmus mit regelmäßigen fünfhebigen Jamben hat von Anfang an schon etwas Geschmeidiges und Wiegendes an sich. Diese Tendenz unterstützt in der 2. Strophe der fast regelmäßige Wechsel zwischen a-, ei- und i-Lauten.

Der Stellung in der Strophe von „Blick“ und „weicher Gang“ entspricht in der 3. Strophe „manchmal“. Damit wird der seltene Augenblick aufgegriffen, in dem sich das eigentliche Wesen des Panthers in einem erfüllten Daseinsmoment ausdrückt. Ein solcher Moment ist der einer Wahrnehmung eines von außen Kommenden. Aber auch diese Wahrnehmung ist kein aktives Tun. Mit „Vorhang der Pupille“ (Z. 9) wird der verhangene Blick aus der ersten Strophe wieder aufgegriffen. Die Pupille als Grenzschwelle zwischen innen und außen unterliegt nicht der willentlichen Lenkung des Subjekts. Wieder geschieht dem Panther seine Wahrnehmung; er nimmt das Bild von außen nicht auf, sondern das Bild „geht“ (Z. 10 u. 11) in ihn ein und wählt seinen Weg zum Herzen des Panthers selbst. Auch in der passiven Sprachform des Partizips „angespannt“ schwingt unterschwellig die Passivität des Panthers mit. Lautliche Vorstellungen enthält das Gedicht von Anfang an nicht, doch in der 3. Strophe verstärkt sich die herrschende Lautlosigkeit, und die in den ersten beiden Strophen vorhandene Bewegung kommt zum Stillstand. Es herrscht „angespannte Stille“ (Z. 11). Zwei Gedankenstriche in der 3. Strophe signalisieren Lesepausen, die den Leser veranlassen, der im Text aufgebauten spannenden Stille nachzulauschen. Doch die Wahrnehmung, die in den Panther eingeht, löst in ihm keine weitere Reaktion aus, sie „hört im Herzen auf zu sein“ (Z. 12). Das Aufhören setzt sich im Text unmittelbar in Sprache um: dem letzten Vers fehlen zur Vollständigkeit eine Hebung und eine Senkung. Die Wahrnehmung hat ihren Weg zum Sitz des Fühlens gefunden, aber dort erlischt sie einfach. Ist der Panther nicht mehr zu Gefühlen fähig? Welches Bild vom Wesen des Panthers entwirft Rilke hier?

Das Bild des Panthers ist mehrschichtig. Da ist zunächst das Bild von dem eingesperrten und durch die Monotonie abgestumpften Tier. Doch interessiert sich Rilke noch für tiefere Schichten. Das Bild des Panthers im Käfig dient ihm nur als Kondensor, an dem sich das Sublimat der tieferen Schichten niederschlägt. Dafür spricht auch, daß Rilke eine Plastik als Vorwurf für den Text gewählt hat. Der reale Panther im Jardin des Plantes bildet die erinnerte Hintergrundfolie. Das Wesen des Tieres ist in der 2. Strophe ausgedrückt. Das Bild vom Tanz von Geschmeidigkeit und Kraft suggeriert mit seiner Kreisbewegung auch ein In-sich-Kreisen, ein In-sich-zentriert-Sein. Der Wille als Mitte des Tanzes wird zum zentralen Begriff für das Wesen des Panthers.

Der Begriff „Wille“ spielt eine zentrale Rolle in der Philosophie Schopenhauers und Nietzsches. Ähnlich wie vorher schon Immanuel Kant (dt. Philosoph der Aufklärung, 1724–1804) war Arthur Schopenhauer von der Einsicht ausgegangen, daß uns die Welt nur als Erscheinung, als „Vorstellung“ gegenüberstehe und damit von dem betrachtenden Subjekt abhängig sei. Ein Zugang zu dem Wesen der Dinge sei von außen nicht möglich, auf diesem Wege gelange man immer nur zu Bildern und Namen. Die einzige Stelle, die uns den Zugang zum Inneren der Welt ermögliche, liege in uns selbst. Jeder sei sich selbst in zweifacher Hinsicht gegeben, als „Leib“ und als „Wille“, zwischen denen kein Ursache-Wirkung-Verhältnis bestehe. Die Aktionen des Körperlichen und der Willensakt seien ein und dasselbe. Der Leib sei der in Raum und Zeit objektivierte Wille. Die Menschen seien getrieben von einem Willen zum Leben, der Wille des einzelnen sei Teil des umfassenderen Weltwillens. Weltgeschichte hat nach Schopenhauer keinen Sinn, da sie die Objektivation eines blinden Willens sei. Mit diesem Pessimismus wendet sich Schopenhauer gegen den Idealismus Hegels.

Auch Friedrich Nietzsche sieht in dem Willen das Wesen der Welt, allerdings akzentuiert er das Wesen des Willens etwas anders: Das Movens der Welt sei der Wille zur Macht.

In diesem Gedicht zeigen sich somit Spuren einer Schopenhauer- und Nietzsche-Rezeption Rilkes. Der Wille wird als das Zentrum im Wesen des Panthers gewertet. Auch der Tanz schafft eine gedankliche Verbindung zur Philosophie Nietzsches. In dessen Denken bildete das Dionysische, Rauschhafte den Gegenpol zu dem von ihm negativ bewerteten Rationalen und abgemessenen Harmonischen (dem Apollinischen). Der Tanz fungiert als Ausdrucksform des rauschhaften Erlebens, auch der kultischen Verehrung[50].

So gesehen kann man das Bild von dem im Käfig gefangenen Panther auch als Metapher des modernen Menschen lesen. Der Tanz als nach außen dringende Manifestation des Dionysischen umkreist einen in der Mitte stehenden Willen, der „betäubt" ist. Kommt dem Menschen analog wie dem im Käfig seiner Freiheit beraubten Raubtier in der kultivierten Zivilisation sein Eigentliches abhanden? Das Gedicht läßt diese Frage offen.

4.3
Exkurs 3:
Zur Motivgruppe „Kunst und Künstler"

Die Reflexion über das Wesen und die Aufgaben der Kunst und des Künstlers stellen ein zentrales Thema bei einer Gruppe Dichter zur Zeit der Jahrhundertwende dar. Das Thema ist so bedeutsam, daß verschiedene Literaturwissenschaftler den Vorschlag gemacht haben, eine bestimmte literarische Strömung um die Jahrhundertwende mit „Artismus", „Ästhetizismus" oder „Kreativistik" zu bezeichnen.

Vielen Dichtern der Zeit war die Erfahrung der Unzufriedenheit mit den gesellschaftlichen und politischen Verhältnissen gemeinsam. Aus der Skepsis gegenüber der gesellschaftsverändernden Kraft der Literatur heraus schufen sie sich in der Kunst eine Gegenwelt zur Banalität des Alltags.

Am radikalsten beschreitet Stefan George diesen Weg in eine gesellschaftliche Isolation. In *Der herr der insel* beschreibt er einerseits den Dichter als auserwählten Herrscher über ein Reich der Schönheit, zu dem die normal Sterblichen keinen Zugang gewinnen können. Andererseits ist der Künstler nicht imstande, sich in der Welt der bürgerlichen Realität zu behaupten.

Hugo von Hofmannsthal glaubt daran, mit der dichterischen Sprache dem Wesen der Dinge nahe kommen zu können. Wo die alltägliche Sprache in ihrer Ausdrucksfähigkeit nicht mehr hinreicht, kann eine symbolistische Sprachmagie noch zum Ziel gelangen *(Ballade des äußeren Lebens)*. Der Dichter ist gegenüber den normal Sterblichen auserwählt (vgl. *Manche freilich*). Er hat die Aufgabe eines Priesters.

Kunst wird auch bei Rainer Maria Rilke zur neuen, sinnsetzenden Instanz, die die Aufgabe eines Numinosen von der Religion übernimmt. Die Kraft des dichterischen Wortes in der Gewalt des begnadeten Dichters kann das hinter der äußeren Oberfläche liegende eigentliche Wesen der Dinge ergründen. Vor solchen Kunstwerken hat sich der Mensch zu rechtfertigen (*Archaischer Torso Apollos*).

4.3.1
Stefan George: „Der herr der insel"

George war sich nach seinem Gedichtzyklus *Algabal* (1892) im Zweifel, was er hiernach noch würde schreiben können. Doch mit dem Zyklus *Die Bücher der Hirten- und Preisgedichte der Sagen und Sänge und der hängenden Gärten* (1895) nahm er Einflüsse von Hugo von Hofmannsthal auf. Gegenüber *Algabal* ist die Sprache schlichter geworden. *Der herr der insel* steht in diesem Zyklus. Das Gedicht *Der herr der insel* ruft bereits beim ersten (lauten) Lesen den Eindruck großer Ruhe, Harmonie und Abgeschlossenheit hervor. Der Text ist nicht in Strophen gegliedert und weist auch keinen Reim auf. Das Metrum ist vollkommen regelmäßig gestaltet, jeder Vers setzt sich aus fünf Jamben (einzige Ausnahme: Z. 21 mit 6 Hebungen) zusammen. An keiner Stelle treten metrischer Akzent und Sinnakzent evident auseinander, in dieser Hinsicht ist das Gedicht vollkommen regelmäßig.

Die Zeilen 2 und 3, 5 und 6, 8 und 9 sind durch Enjambements eng verknüpft.

Das Gedicht erzählt in der Art einer Legende oder Sage von einem sagenhaften Vogel, der auf einer abgeschiedenen Insel gelebt habe, aber wegen eindringender Menschen gestorben sei. Die Darstellung des Vogels und seiner Gewohnheiten erfolgt fast systematisch in vier gedanklichen Schritten nacheinander. Der erste Abschnitt (Z. 1–3) führt in den exotischen Lebensraum des Vogels ein, der zweite (Z. 4–9) beschreibt das Aussehen des Vogels. Das Verhalten des Vogels (Z. 10–17) ist Gegenstand des dritten Abschnitts. Erst der vierte Abschnitt (Z. 17–23) verläßt die Beschreibung des Immerwährenden und nennt mit dem Eindringen der Menschen in das Reich des Vogels ein ungewöhnliches Ereignis, das die Ursache für dessen Tod ist.

Diese äußere Struktur des Textes ist recht einfach und läßt zunächst an ein schlichtes Erzählgedicht denken, doch muß die Analyse des Textes aufzeigen, wodurch die eigenartige Wirkung zustandekommt, die von dem Text auf den Rezipienten ausgeht. Denn neben der bereits erwähnten Ruhe strahlt das Gedicht Melancholie und Trauer aus, die aber von einer erhabenen Abgeklärtheit sind.

Bereits die Einleitung zu dem Gedicht enthebt den Text der Wirklichkeit und transferiert ihn in den Bereich des Sagenhaften; mit „Die fischer überliefern" (Z. 1) wird eine Art Erzählrahmen aufgebaut, der die Vorstellung des Lesers in zeitliche Schichten des Urtümlichen entführt. Das in der Folge weiter Dargestellte scheint aus der von fernher kommenden mündlichen Tradition zu stammen. Dieser Rahmen bleibt im gesamten Text präsent, indem der Konjunktiv die indirekte Rede markiert. Ohne den Vogel zu nennen, wird nun zunächst ein Bild von einer fernen paradiesischen Welt („im süden", Z. 1) als dessen Lebensraum entworfen. Die Insel ist das Bild einer abgeschiedenen und in sich abgeschlossenen Welt, die in diesem Falle von außerordentlicher und funktionsloser Schönheit und ungewöhnlichem Reichtum sein muß: Kostbare Gewürze („zimmt und öl", Z. 2) und ‚edle Steine' (Z. 3) sind die Zeichen hierfür, wovon letztere als Anzeichen für die Märchenhaftigkeit und Friedfertigkeit der Insel „im sande" (Z. 3) frei herumzuliegen scheinen. „zimmt und öl" (Z. 2) sind nicht zufällig als Stellvertreter des paradiesischen Reichtums gewählt, sie evozieren außer der fernen Zeit auch das Edle. Öl läßt an das Salben von Königen denken.

Erst die 4. Zeile führt den Vogel selbst mit der auffallend schlichten Formulierung „ein vogel war" ein. Dem bisher aufgebauten märchenhaften Rahmen entspricht die Beschreibung des Vogels. Die unerhörte Größe, die es ihm erlaubt, mit seinem Schnabel Baumkronen zu zerpflücken und die beim Flug den Eindruck einer Wolke erweckt, enthebt ihn sogleich jeder Realität und weist ihn als Fabelwesen aus. Die Konnotation des Königlichen, die bereits im ersten Abschnitt aufgetaucht ist, bleibt auch bei der Beschreibung des Äußeren erhalten. „krone" (Z. 5) und die Farbe Purpur („Gefärbt wie mit dem saft der Tyrerschnecke", Z. 7) sind Attribute eines Königs und verleihen dem Text eine Aura des Erlesenen. Die Macht des Vogels spiegelt sich in dem Bild „hoher stämme krone / Zerpflücken konnte" (Z. 5/6), dessen bildlicher Gehalt vermittelt die Gelassenheit und Lässigkeit, mit der der Vogel solches tun kann. Seine Bewegungen sind dem ganzen Wesen gemäß keine raschen, flatterhaften. Seiner gravitätischen Gestalt und mächtigen Erscheinung ist nur der „schwere() niedre() flug" (Z. 8) angemessen.

So verwundert es nicht mehr, wenn er nicht zu der gewöhnlichen Zeit des hellichten Tages in Erscheinung tritt, sondern erst in der besonderen, einer Grenzstunde „des abends" (Z. 11)[51]. Mit seinem Auftreten verleiht er dieser Stunde den Charakter eines weihevollen Augenblicks, der durch Stille und Milde („Im kühlen windeshauch", Z. 12) hervorsticht. Im Erlebnis dieses Momentes vereinen sich alle sinnlichen Wahrnehmungen: Empfindung („kühl", Z. 12), Geschmack und Geruch („von salz und tang", Z. 12) und Gehör („süsse stimme", Z. 13). Auch die Schönheit des Vogelgesangs wird als synästhetisch erfahren, bei „süsse stimme" vermischen sich die Wahrnehmungen verschiedener Sinnesebenen. Daß die „delfine" zum Zuhören näherschwimmen, erinnert an den Arion-Mythos[52]. Die friedlichen Delphine passen stimmig in das Bild des südländischen Paradieses. Die Farbe Gold (zweimal in Z. 15!) vollendet die Vorstellung vollkommener Harmonie und Schönheit, sie läßt an die Naturschönheit des Sonnenuntergangs („goldner funken", Z. 15) denken, überträgt aber gleichzeitig die Schönheit des Gesanges auf die optische Wahrnehmung des Augenblicks. Dieser weihevolle Moment ist jedoch kein Einzelfall, der Vogel hat in seiner Enthobenheit von Alter und Zeit solche Momente immer wieder beschwören können: „So habe er seit urbeginn gelebt“ (Z. 16). Nur besonderen Menschen war es vergönnt, ihn zu sehen. „Gescheiterte“ (Z. 18) sind solche, die keine Hoffnung auf Rückkehr unter andere Menschen mehr haben. Es können im übertragenen Sinne auch Menschen sein, die ihre Lebensaufgabe nicht erfüllen können. „Gescheiterte“ gehören aber auch zum toposhaften Inventar des südlichen Inselparadieses.

Die Begegnung mit gewöhnlichen Menschen ist nicht die Bestimmung des Vogels. Zwar werden keine Gründe für den Tod des Vogels beim Eindringen der Menschen erwähnt, doch wird aus dem gesamten Text deutlich, daß die paradiesische Unberührtheit seines Lebensraumes unabdingbare Lebensvoraussetzung für den Vogel ist. Der Farbkontrast zwischen den „weissen segel(n)“ (Z. 18) und den Farben des Vogels und der Insel (Purpur, Gold) markiert den Gegensatz. Auch sein Tod verbreitet die Atmosphäre der stoischen Erhabenheit und gleicht einer kultischen Handlung. Vom Hügel aus nimmt er Abschied von seinem Reich. Das Wort „stätte“ (Z. 21) erhebt die Insel nochmals in den Rang eines weihevollen Ortes. Die überzählige Hebung in der drittletzten Zeile erzeugt eine rhythmische Stauung, die den Leser ähnlich wie den Vogel auf dem Hügel kurz innehalten läßt. Die Geste des Flügelausbreitens deutet sowohl auf das beherrschende Umschließen-Wollen, als auch auf das resignativ-hilflose Sich-Ergeben hin. Auch ist das Ausbreiten der Arme eine Geste des segnenden Priesters. Der Tod des Vogels findet das rechte Maß. Keine extreme Gefühlsaufwallung, sondern der gelassen beherrschte Gefühlsausdruck („gedämpften schmerzeslauten“, Z. 23) begleitet das Sterben („Verscheidend“, Z. 23) des Vogels.

Das Bild des Vogels, seiner Gewohnheiten und seiner Welt ist von erlesener und edler Schönheit. Dazu tragen die ausgewählten Attribute wie Zimt, Öl und Edelsteine, die Farben des Gedichtes Purpur und Gold und die evozierten Stimmungen und Vorstellungen wie das Bild des abendlichen Strandes auf einer südlichen Insel bei. Aber auch die sprachliche Struktur des Gedichtes unterstützt die besondere Stimmung, die sprachlichen Mittel entsprechen der inhaltlichen Ebene vollkommen. Neben der vollkommenen Regelmäßigkeit des Metrums sind auch der Rhythmus und der Fluß der Sprache sehr ruhig und gemessen. Die Laute des Gedichtes sind weich. Als Konsonanten fallen viele stimmhafte, weiche Laute auf (w, b, s, m).

Das gesamte Gedicht ist von einer gehobenen Sprechhaltung geprägt. Die Wahl ungewöhnlicher Worte und grammatischer Formen hebt sie über die Alltagssprache hinaus: fussend, windeshauch, freunde des gesanges, eiland, teure stätte, schwingen, verscheidend. Der erste Satz umfaßt durch starke Schachtelung die ersten neun Zeilen. Die nachgestellte Apposition (Z. 2) und die Partizipialkonstruktionen „am boden fussend" (Z. 4) und „Gefärbt wie mit [...]" (Z. 7) sind Bestandteile dieser Schachtelung, die in der Alltagssprache recht selten Verwendung finden. In Z. 8 fehlt dem Prädikat das Hilfsverb, „erhoben habe" wäre zu ergänzen. Dadurch gewinnt die Sprache des Gedichtes ihren etwas gestelzt-erhabenen Charakter. Gestützt wird dieser Charakter noch durch den weichen, regelmäßigen und mäßig schnellen Sprachrhythmus. Auch die indirekte Rede trägt dazu bei, daß der Text nicht unmittelbar und direkt wirkt, sondern eine gebrochene Mittelstellung einnimmt. Mit seiner Geschlossenheit scheint der Text die Abgeschlossenheit des Inselreiches zu symbolisieren.

Die Beschreibung des Vogels läßt an den antiken Vogel Phönix denken. Die Umschreibung der Farbe des Vogels („Gefärbt wie mit dem saft der Tyrer-schnecke", Z. 7) schafft die gedankliche Verbindung zu dem Volk der Phöniker; „Tyrer" und „Phöniker" sind identisch, und „Phöniker" bedeutet von der Etymologie des Wortes her „Purpurleute". Die aus dem alten Ägypten stammende Legende des Vogels Phönix beschreibt dessen Federkleid als purpur- und goldfarben („meer voll goldner federn goldner funken", Z. 15). Eine späte Version der Phönix-Legende erzählt, daß der Vogel immer, wenn er sein Ende nahe fühle, sich selbst verbrenne und aus der Asche ein neuer Phönix entstehe. Das Motiv der Selbstverbrennung wurde von frühchristlichen Dichtern auf Christus übertragen und mit dessen Tod und Auferstehung in Verbindung gebracht.

George wollte mit diesem Text aber nicht die Legende eines urzeitlich-märchenhaften Vogels erzählen. Das Gedicht erinnert auch an den Text *Der Albatros* von Charles Baudelaire aus dessen Zyklus *Les fleurs du mal*, den Stefan George übersetzt hat, der hier in Georges Übersetzung zitiert sei:

Der Albatros

Oft kommt es dass das schiffsvolk zum vergnügen
Die albatros · die grossen vögel · fängt
Die sorglos folgen wenn auf seinen zügen
Das schiff sich durch die schlimmen klippen zwängt.

Kaum sind sie unten auf des deckes gängen
Als sie · die herrn im azur · ungeschickt
Die grossen weissen flügel traurig hängen
Und an der seite schleifen wie geknickt.

Der sonst so flink ist nun der matte steife.
Der lüfte könig duldet spott und schmach:
Der eine neckt ihn mit der tabakspfeife
Ein andrer ahmt den flug des armen nach.

Der dichter ist wie jener fürst der wolke ·
Er haust im sturm · er lacht dem bogenstrang.
Doch hindern drunten zwischen frechem volke
Die riesenhaften flügel ihn am gang.

Die letzte Strophe spricht die tiefere Bedeutung des Vergleichs mit dem Vogel deutlich aus: Der Dichter ist wie der Vogel im Reich des Alltäglichen nicht beheimatet, dort ist er fremd, ungeschickt, lächerlich und dem Spott des Pöbels ausgesetzt. In seinem Reich droben in den Lüften, der Poesie, ist er der wegen seiner Kunst Bewunderte und Beneidete. Doch gerade die Attribute und Eigenschaften, die ihm die Bewunderung einbringen, sind ihm im täglichen Leben hinderlich. Thema des Gedichtes ist also die Divergenz zwischen Dichtung und Realität, das schicksalhafte Ausgestoßen-Sein des Dichters aus der Gesellschaft, seine Einsamkeit. Baudelaire nennt ihn den „poète maudit".

Die Parallelen zwischen Georges und Baudelaires Gedichten sind offensichtlich. Auch Georges Vogel symbolisiert das Verhältnis eines Teils der modernen Dichter zur Wirklichkeit. Doch George sieht dieses Verhältnis noch radikaler als Baudelaire. Bei ihm kann der Vogel nach dem Eindringen der Menschen überhaupt nicht mehr bestehen, das Reich der edlen Schönheit, das nur Gleichgesinnten zugänglich ist, bildet die Lebensvoraussetzung für seine Existenz. Bei der Zerstörung der Unberührtheit ist ein Weiterbestehen ganz ausgeschlossen. Dieses Konzept vom Dichter als gesellschaftlicher Außenseiter ist in einem Zweig der modernen Dichtung zum Grundmodell geworden.

Folgerichtig wählt George mit seiner Dichtung den Weg in die Esoterik, in eine Kunst in einem in sich abgeschlossenen Bereich, der nur wenigen Eingeweihten zugänglich ist. Von der äußeren Form her entspricht Georges Sezessionsbestrebung seine antikisierende Attitüde. Der besonderen Gestaltung der Sprache entspricht die eigenwillige Schreibweise der Wörter, die durchgängige Kleinschreibung und die ungewöhnliche Zeichensetzung: Kommata entfallen ganz, lediglich hochgesetzte Punkte (vgl. römische Schrift!) erfüllen hier und da eine gliedernde Funktion. Die Drucktype, in der er seine Gedichte drucken ließ, war von einem befreundeten Künstler eigens für ihn entworfen worden.

Die letzte Bedeutungsschicht des Phönix-Mythos, die Assoziation mit Christus im Frühchristlichen, schließt sich mit Georges Anspruch, als Dichter die Aufgabe eines Propheten zu erfüllen, zusammen. Der Vogel in seinem einsamen Inselreich symbolisiert damit nicht nur die gesellschaftliche Außenseiterstellung des Dichters, sondern auch dessen Anspruch, ein sich immer wieder in seiner schöpferischen Kraft erneuernder Künder eines neuen Reiches zu sein.

4.3.2
Hugo von Hofmannsthal: „Ballade des äußeren Lebens“

Hofmannsthal hat sich Stefan Georges heftigem Werben wohl nicht zuletzt deshalb entzogen, weil er deutlich spürte, daß trotz gegenseitigen Verstehens ihre Persönlichkeiten zu verschieden waren und auch ihre dichtungstheoretischen Konzepte in grundsätzlichen Fragen zu sehr differierten. George emigrierte bewußt in die esoterische Isolation. Hofmannsthal trachtete danach, die soziale Isolation der Kunst zu überwinden.

Hugo von Hofmannsthal wurde 1874 in Wien als Sohn eines Bankdirektors geboren. Das Gymnasium absolvierte er mit Auszeichnung, studierte zuerst Jura, wechselte dann auf Romanistik, promovierte und fertigte eine Habilitationsschrift an, zog aber den Antrag auf die akademische Lehrerlaubnis wieder zurück. Sein literarisches Hauptwerk liegt bei der Gattung Drama, darunter das wohl bekannteste Werk *Jedermann* (1911). Er schrieb auch die Libretti für einige sehr bekannt gewordene Opern des Komponisten Richard Strauss (*Elektra, Der Rosenkavalier*). Im Gegensatz zu George und auch Rilke lebte Hofmannsthal sehr seßhaft in seinem Haus in Rodaun bei Wien, wo er im Jahre 1929 auch starb. Hofmannsthal kann als eine Art literarisches „Wunderkind“ angesehen werden. Bereits als Gymnasiast im Alter von 16 Jahren veröffentlichte er unter dem Pseudonym Loris – da Schülern das Veröffentlichen noch nicht gestattet war – vielbeachtete Essays und Gedichte. Er machte in einem Wiener Literatencafé die Bekanntschaft namhafter Schriftsteller (darunter z. B. Arthur Schnitzler), die ihn wegen seiner Begabung als Gleichrangigen behandelten und ihm Anerkennung zollten.

Die meisten der Hofmannsthalschen Gedichte entstanden zwischen 1890 und 1900, also als Hofmannsthal zwischen 16 und 26 Jahre alt war. Danach wandte er sich bewußt von der lyrischen Gattung ab und ließ von diesen Gedichten nur 14 in einer Sammlung publizieren. Das lyrische Œuvre Hofmannsthals nimmt sich von seinem Umfang her bescheiden aus gegen das Georges oder Rilkes. Die Lyrik bildete für ihn nur eine Art Vor- oder Durchgangsstadium. Trotzdem muß Hofmannsthal als einer der wichtigsten Vertreter des deutschsprachigen Symbolismus gewertet werden. Seine Gedichte zeichnen sich durch Leichtigkeit, Schlichtheit und rhetorische Selbstverständlichkeit aus: An keiner Stelle wirkt Hofmannsthals Sprache angestrengt oder mühevoll. Die Reime und Rhythmen ergeben sich wie von selbst. Der Frühreife in seinen Texten ist die umfassende literarische Bildung und der daraus erwachsene sichere Geschmack des jungen Hofmannsthal anzumerken.

Im Gegensatz zu George war Hofmannsthal kein lebensflüchtiger Ästhet. Obwohl er sich deutlich von dem lebensfremden Ästhetentum distanzierte, neigte er doch dem Konzept des Symbolismus zu. Das zentrale Problem war für ihn die Überwindung der Vermitteltheit der Wirklichkeitserfahrungen durch eine verbrauchte Sprache. Seine Antwort auf dieses Problem fand er in zwei Stadien und stellte sie in den Werken *Gespräch über Gedichte* (1903) und *Ein Brief* (1902, auch *Chandos-Brief*) dar. In dem *Gespräch über Gedichte*, in welchem er Gedichte von Stefan George als schön und vorbildlich zitiert, lautete Hofmannsthals Antwort „Sprachmagie“. Der Text liest sich teilweise wie ein Programm symbolistischer Dichtung.

[...] Niemals setzt die Poesie eine Sache für eine andere, denn es ist gerade die Poesie, welche fieberhaft bestrebt ist, die Sache selbst zu setzen, mit einer ganz anderen Energie als die dumpfe Alltagssprache, mit einer ganz anderen Zauberkraft als die schwächliche Terminologie der Wissenschaft. Wenn die Poesie etwas tut, so ist es das: Daß sie aus jedem Gebilde der Welt und des Traumes mit durstiger Gier sein Eigenstes, sein Wesenhaftes herausschlürft, so wie jene Irrlichter in dem Märchen, die überall das Gold herauslecken. [...]
Es sind Chiffern, welche aufzulösen die Sprache ohnmächtig ist. [...] Jener herbstliche Park, diese von der Nacht umhüllten Schwäne – du wirst keine Gedankenworte, keine Gefühlsworte finden, in welchen sich die Seele jener, gerade jener Regungen entladen könnte, deren hier ein Bild sie entbindet. Wie gern wollte ich dir das Wort „Symbol" zugestehen, wäre es nicht schal geworden, daß mich's ekelt. [...]
Die Natur hat kein anderes Mittel, uns zu fassen, uns an sich zu reißen, als diese Bezauberung. Sie ist der Inbegriff der Symbole, die uns bezwingen. Sie ist, was unser Leib ist, und unser Leib ist, was sie ist. Darum ist Symbol das Element der Poesie, und darum setzt Poesie niemals eine Sache für eine andere: sie spricht Worte aus, um der Worte willen, das ist ihre Zauberei. Um der magischen Kraft willen, welche die Worte haben, unseren Leib zu rühren, und uns unaufhörlich zu verwandeln.[53]

Der *Chandos-Brief*[54] kann als eines der ersten Dokumente der modernen literarischen Sprachkrise gewertet werden. Dem Dichter ist es nicht mehr möglich, seine Erfahrungen und Empfindungen in Worte zu fassen. Mit der Gewalt über die Sprache entschwindet dem Dichter auch die Orientierung in seiner Wahrnehmung. Die Sprache hat ihre kommunikative Funktion verloren. Die Sprachkrise wird gleichzeitig zur Identitätskrise, mit der Sprache und deren Zusammenhang mit der Wahrnehmung geht auch die Wahrnehmung der eigenen Identität verloren. Der *Chandos-Brief* führt also jenen Gedanken fort, der bereits im *Gespräch über Gedichte* angeklungen war: „Wir besitzen unser Selbst nicht: von außen weht es uns an, es flieht uns für lange und kehrt uns in einem Hauch zurück."[55]

Nach 1900 bemühte sich Hofmannsthal verstärkt um eine neue gesellschaftliche Funktion der Kunst, da er erkannte, daß die hermetische Ästhetik die Dichtung nur noch weiter in die soziale Isolation hineinführen mußte. Angesichts der zunehmenden Dissoziationserfahrung gesamtkulturellen Lebens sollte der Dichter die Synthesen von Gegenwart und Vergangenheit, von Leben und Geist herstellen. Indem Hofmannsthal den Dichter aber zum hervorragenden Repräsentanten seiner Zeit macht, welche Rolle er gerade wegen seines Herausgehobenseins, wegen seiner besonderen Leidensfähigkeit spielen könne, leistet er an Stelle der angestrebten neuen sozialen Integration des Dichters nichts anderes als die Umdeutung der de facto bestehenden Isolation in eine hervorragende Befähigung. Dieser Gedanke ist dem Konzept Stefan Georges nicht unähnlich.

Die *Ballade des äußeren Lebens* (1895) trug in der ursprünglichen Fassung der Handschrift den Titel *Terzinen von der Dauer des äußeren Lebens*, welcher einen Hinweis sowohl auf die Form als auch auf das Thema des Gedichtes enthält.

Terzinen sind eine alte und kunstvolle Strophen- und Gedichtform in fünfhebigen Jamben, bei welcher der umschlossene Reim einer dreizeiligen Strophe (Terzett) den umschließenden Reim des folgenden Terzetts bildet (Schema: aba bcb cdc ded ...). Hofmannsthal hat dieses Modell, das er auch für andere Gedichte (*Terzinen I–III*) verwendete, bei der *Ballade* hinsichtlich des Reims und des Rhythmus' leicht abgeändert. Die Endwörter der 1., 3. und 20. Zeile bleiben ohne reimende Entsprechung, und in Zeile 21 entspricht das Metrum nicht dem Schema.

Der ursprünglich vorgesehene Titel (*Terzinen von der Dauer des äußeren Lebens)* nennt die Dauer des Lebens als Thema des Gedichtes. Doch nicht nur die Dauer des Lebens, auch die Erfahrung der Zusammenhanglosigkeit und der Sinnlosigkeit bilden den Gegenstand des Gedichtes. Dabei fallen bereits bei der ersten Lektüre drei Teile auf, die sich schon äußerlich durch ihren rhetorischen Gestus unterscheiden. Der erste Teil (Z. 1–12) nennt Phänomene des Lebens, nach deren Sinn der zweite Teil (Z. 13–19) des Textes fragt. Die Antwort auf diese Fragen im dritten Teil (Z. 20–22) bringt eine überraschende Wendung für das Gedicht. Trotz der Bedeutungsschwere des Themas verfällt das Gedicht nicht in einen elegischen oder pathetischen Ton. Nicht zuletzt durch das Fehlen eines sich „Ich“ nennenden Sprechers bleibt eine Distanz gewahrt, die die Sentimentalität verhindert. Im Gegenteil, im größeren Teil des Textes herrscht ein Tonfall der Langeweile und Gleichgültigkeit.

Wie von irgendwoher kommend, setzt das Gedicht unvermittelt mit der anknüpfenden Konjunktion „und“ ein und führt damit eine scheinbar schon vorher begonnene Aufzählung von Phänomenen des „äußeren Lebens“ fort, die allesamt auf die Nichtigkeit und Vergänglichkeit des Lebens hinweisen. Die auffallende Häufung des Wortes „und“ (allein 14 mal im ersten Teil) schafft aber keine Verbindung zwischen den einzelnen genannten Phänomenen. Zwar hat ‚und‘ sprachlogisch eine verknüpfende Bedeutung, doch nur in oberflächlicher Hinsicht: ‚Und‘ reiht die Elemente lediglich aneinander, ohne eine geistige Verknüpfung zwischen ihnen herzustellen. Damit wird das „Und“ in diesem Gedicht zum Zeichen der Zusammenhanglosigkeit, nicht des bedeutungsvollen Zusammenhanges.

Das Aufwachsen und Sterben der Kinder eröffnet die Reihe der Bilder für die Vergänglichkeit des irdischen Lebens. Indem nur der Anfang („wachsen auf“, Z. 1) und das Ende ihres Lebens („sterben“, Z. 2) erwähnt werden, wird das gesamte Leben wie im Zeitraffer komprimiert. Durch die Aussparung des Lebensverlaufs verliert das Leben die eigene Bedeutung und entwickelt sich auf den Tod hin. Doch nicht Menschen, die zum Bewußtsein der irdischen Nichtigkeit gereift sind, vollziehen diese Entwicklung, sondern die Naivität der Kinder, „die von nichts wissen“ (Z. 2), läßt auch dieses Anfangsstadium des Lebens zu einem leeren werden. Auch sind es nicht die Kinder der spielerischen Idylle, die das Gedicht vor Augen stellt, sondern deren ‚tiefe Augen‘ (Z. 1) weisen auf eine tiefgründige Traurigkeit hin. Dieser Erfahrung der Vergänglichkeit begegnen die Menschen mit Gleichgültigkeit: „alle Menschen gehen ihre Wege“ (Z. 3). Nicht nur das Die-eigenen-Wege-Gehen als Geste drückt die Gleichgültigkeit aus, auch die Schlichtheit des Sprachgestus und Nüchternheit in der Formulierung und das bloß anreihende „Und“ evozieren diesen Eindruck.

Wie das Leben nur als ein Vorstadium zum Tode auftritt, scheinen im zweiten Bild die Früchte auch nur das Stadium der Reife zu erreichen, um anschließend zu verderben: „und liegen wenig Tage und verderben“ (Z. 6). Der Vergleich „wie tote Vögel“ (Z. 5) ergänzt das Bild der Vergänglichkeit aus der Natur nicht nur um den Bereich der Tierwelt, er gewinnt auch eine solche Selbständigkeit, daß sich dem Leser die darin enthaltene Dimension Tod nachdrücklich einprägt und eine Verbindung zum Sterben im ersten Bild hergestellt wird.

Die reihende Verknüpfung mit „und" trägt die zeitliche Kategorie „immer" bereits in sich. Im dritten Terzett wird diese ausdrücklich ausgesprochen und durch Wiederholung unterstrichen (Z. 7). Während der Wind in Hofmannsthals Gedicht *Vorfrühling* eine ahnungsvolle Bedeutung trägt, wirkt er in diesem reihenden Zusammenhang wie das leere und bedeutungslose Sinnbild des Ewigen und Wiederkehrenden. Die menschliche Kommunikation wird durch die Verknüpfung im Gedicht mit der Leere und Bedeutungslosigkeit des wehenden Windes gleichgesetzt. Das passive „Vernehmen" (Z. 8) und aktive „Reden" (Z. 8) erscheinen durch den Bezug auf das gleiche Objekt äquivalent. „Viele Worte" (Z. 8) nennt die zusammenhanglosen Bestandteile der Verständigung, die damit leer und sinnlos erscheint. Genauso fremd wie die Verständigung mit anderen Menschen kommt den mit „wir" bezeichneten Personen ihr eigener Körper vor, denn ‚die Glieder' mit ihrer „Lust und Müdigkeit" (Z. 9) werden offenbar als etwas Fremdes, vom Ich Losgelöstes empfunden; es ist die „Lust und Müdigkeit" der Glieder, nicht unsere Unlust. Damit spricht sich die Erfahrung der Selbstentfremdung aus.

Nach Zeit, Natur und Mensch führt das vierte Terzett die Dimension Raum in das Gedicht ein. Auch die Landschaft ist merkwürdig leer und tot. Die „Straßen" laufen ziellos „durch das Gras" (Z. 10) und unterliegen dabei auch der Gefahr der Vergänglichkeit durch das Überwuchern (‚Gras darüber wachsen'). Die Bezeichnung „Orte" (Z. 10) ist eine unbestimmte, und die Orte scheinen wahllos „da und dort" (Z. 11) verteilt zu sein. Daß eine „totenhaft verdorrte" (Z. 12) Landschaft als „drohende" (Z. 12) empfunden wird, wundert nicht mehr. Die Aufzählung solcher Phänomene des „äußeren Lebens", die die Sinnlosigkeit und Vergänglichkeit in sich tragen, könnte noch beliebig lange fortgesetzt werden, die Punkte am Ende des vierten Terzetts deuten dies an.

Doch bereits in der äußeren Form der sprachlichen Gestalt deutet sich die inhaltliche Zäsur nach der vierten Strophe an. Fragesätze, die zum Teil wie Ausrufe wirken, stellen die Frage nach dem Sinn dieser als zusammenhanglos erfahrenen Phänomene. Diese Fragen tragen aber allesamt die Bestätigung der Sinn- und Nutzlosigkeit bereits in sich. Die erste Frage verleiht auch der

Landschaftsbeschreibung im nachhinein einen zusätzlichen Sinn: „Wozu sind diese aufgebaut?" (Z. 13). Aufbauen deutet auf eine Landschaft als künstlich angelegte Kulisse hin, und der Begriff „Spiele" in Zeile 16 bestätigt diese Vorstellung von der Welt als Theater. Zwar scheinen die Fragen äußerlich die Erfahrungen der Vergänglichkeit, Sinnlosigkeit und Selbstentfremdung zu bestätigen, so z. B. die Äußerung von Gefühlsregungen als der eigenen Person fremden Erfahrung („Was wechselt Lachen, Weinen und Erbleichen?", Z. 15), doch dem aufmerksamen Leser entgehen nicht die ersten subtilen Anzeichen eines Umschwungs. Denn die Frage, wozu sich die Orte nicht gleichen und wozu es „unzählig viele" (Z. 14) sind, deutet doch gleichzeitig ein Aufbrechen der Monotonie an. Eine Landschaft, die über „unzählig viele" verschiedene Orte verfügt, ist eine reiche Landschaft, und der Sinn von Abwechslungsreichtum liegt in sich selbst.

In einem zweiten Ansatz wird nach der Bedeutung all dieser Phänomene für die Menschen gefragt. Dafür, welche Gruppe mit „Wir" und „uns" gemeint ist, findet sich im Gedicht kein näherer Hinweis. Allerdings läßt sich diese Gruppe aus dem Kontext der gesamten Hofmannsthalschen Lyrik als eine Elite besonders Auserwählter eingrenzen (vgl. z. B. das Gedicht *Manche freilich*). Die Ziellosigkeit dieser Menschen („Die wir doch [...] wandernd nimmer suchen irgend Ziele", Z. 17/18) wird indirekt vorausgesetzt, das Wörtchen „doch" (Z. 17) fordert das Einverständnis darüber heraus. Außer der Ziellosigkeit bestimmen Größe und Einsamkeit das Wesen dieser Menschen. Zwischen diesen Kategorien und der Erfahrung der Sinnlosigkeit der Welt sieht der Sprecher des Gedichtes keinen Zusammenhang, auch dies ist in dem Wort „doch" enthalten. Trotzdem kann in dem Bewußtsein der Einsamkeit eine Folge aus dem Erleben der Dissoziation der Welt und der von Ich und Welt gesehen werden. Denn das Ich wird nachdrücklich als Einheit erfahren („groß", Z. 17), welche zu dem Zerfallen der Welt in der Sinnlosigkeit in Widerspruch tritt. Mit der abschließenden Frage „Was frommts, dergleichen viel gesehen haben?" (Z. 19) erreicht die in der Folge der Fragen angelegte Steigerung ihren Höhepunkt. Diese Frage muß dem Leser als in höchstem Maße pessimistisch erscheinen, trotzdem bewertet sie Hofmannsthal selbst in seiner Eigeninterpretation *Ad me ipsum*[56] als „nicht pessimistisch"[57]. Erst aus der folgenden Wendung des

Textes kann dies einsichtig werden. Das letzte und zieht den Umschwung mit sich, den der Leser nach der Steigerung bis zu diesem Punkt insgeheim erwartet hat: „Und dennoch sagt der viel, der ‚Abend' sagt" (Z. 20).

„Abend" ist ein unscheinbares Wort, das kaum das Gegengewicht zu den tiefsinnigen Erfahrungen und Fragen halten zu können scheint. In *Ad me ipsum* hat Hofmannsthal einen Hinweis auf die Bedeutung des Abends gegeben:

> Bedeutung des *Abends.* [...] Der Abend als Erfüllung: etwas millenarisches. [...]
>
> »und dennoch sagt der viel der Abend sagt,
> ein Wort daraus Tiefsinn und Schwermut quillt
> wie schwerer Honig aus den hohlen Waben –«
>
> Den Hesperos lassen die Alten alles zusammenführen was die Eos trennt [...], der den Küchlein die Mutter, den Wipfeln die Ruh wiederbringt [...] er erglänzt der Sappho als mildester und schönster aller Silbersterne am Himmelszelt.[58]

Der Abend wird als Moment der „Erfüllung", der die Geschehnisse des Tages zusammenführt, empfunden.

> Ein Wort, daraus Tiefsinn und Trauer rinnt
> Wie schwerer Honig aus den hohlen Waben. (Z. 21/22)

Die mit dem Wort „Abend" assoziierten Empfindungswerte „Tiefsinn und Trauer" entsprechen der Empfindung, die aus der Erfahrung des äußeren Lebens stammt. Die „hohlen Waben" des Schlußvergleichs sind eine Metapher für die als leer empfundenen Worthülsen der Alltagssprache. Nur die poetische Sprache („schwerer Honig", Z. 22) vermag sich dem Inneren der Welt zu nähern. Diese Annäherung kann aber nur über die Empfindung erfolgen, objektive Beschreibung oder begriffliche Einordnung führt nicht zu diesem Ziel. Ästhetische Erfahrung wird somit zum Mittel der Welterfahrung und Welterfassung.

Die im Grunde pessimistischen Erfahrungen der Entfremdung von Ich und Welt werden nicht als bedrückend erfahren, sondern aus ihnen scheint eine gewisse Lust zu erwachsen (vgl. die geistige Haltung der Décadence), und diese Erfahrungen bilden auch die Voraussetzung für persönliche Reifung in der Erkenntnis der

Erfüllung. Die Beurteilung alles Irdischen als vergänglich entspricht einer langen christlichen Tradition. Auch formal schafft Hofmannsthal einen Bezug zur Tradition christlich motivierter Dichtung: Er verwendet mit den Terzinen die Strophenform, mit welcher Dante im Spätmittelalter seine *Divina Commedia*[59] gestaltet hat. Auch die aus dieser Jenseitsorientierung erwachsende Einstellung, in den äußerlich unzusammenhängend und sinnlos erscheinenden Erfahrungen einen tieferen Sinn zu erkennen, ähnelt der Haltung der Mystiker. Hofmannsthal wertet die christlich motivierte Mystik allerdings um in einen sprachmagischen Symbolismus.

Im Vergleich mit Stefan George formuliert Hofmannsthal auffallend schlicht, wenn auch altertümliche Redewendungen („Was frommts?" oder „wandernd nimmer suchen irgend Ziele") nicht dem alltäglichen Sprachgebrauch entspringen. Doch wie die Georges ist auch Hofmannsthals Sprache von großer Musikalität, die Vokal- und Konsonantlaute (viele Gleichklänge und Anklänge) wirken ebenso suggestiv wie wohlabgewogen. Der Sprachrhythmus ist ruhig fließend und folgt dem metrischen Schema in unauffälliger Gewaltlosigkeit. Monotonie vermeidet Hofmannsthal durch geringe Varianten des Rhythmus' (Z. 21) und des Reimschemas (Z. 1, 3, 20). Das Prinzip des endlos verkettenden Terzinenreims spiegelt die inhaltliche Reihung, die sich in dem wiederholten „und" auf der metrischen Ebene ausdrückt.

Die Magie der Sprachmusik wird somit zur Revolte gegen die Erfahrung der Entfremdung und Dissoziation im „äußeren Leben".

4.3.3
Rainer Maria Rilke: „Archaischer Torso Apollos"

Die rhetorische Strategie dieses 1908 entstandenen Gedichtes ist bemerkenswert. Am Anfang steht die Feststellung des Fehlenden: „Wir kannten nicht sein unerhörtes Haupt" (Z. 1), der adversativ das trotzdem Bestehende entgegengestellt wird: „Aber / sein Torso glüht noch [...]" (Z. 2/3). Zwei mit „sonst" (Z. 5 u. 9) eingeleitete Sätze geben die Begründung für die Annahme des zweiten Schrittes. In der Behauptung des mit „Aber" eingeleiteten Satzes und den Begründungen der „Sonst"-Sätze fordert der Sprecher des Gedichtes das Einverständnis des Angesprochenen nicht nur heraus, sondern setzt es geradezu voraus. Die negierten Konjunktive sind Bestandteile einer insistierenden Rhetorik.

Das Vorbild für die in diesem Gedicht beschriebene Figur bildet eine im Pariser Louvre ausgestellte Plastik, genannt „Jünglingstorso aus Milet", von welchem Torso das Gedicht den „Bug / der Brust" (Z. 5/6), die „Lenden" (Z. 7) und die „Schultern" (Z. 10) als reale Elemente aufgreift. Doch auf der Basis dieser spärlichen Realitätsmomente leistet das Gedicht ein Paradoxon: Aus diesem Gesehenen und Beschriebenen wird das nicht mehr Vorhandene ‚rekonstruiert'. Trotz des Fehlens der „Augenäpfel" (Z. 2) lebt der Blick Apollos in dem Torso sogar mit großer Intensität („glüht noch") weiter:

[...] Aber
sein Torso glüht noch wie ein Kandelaber,
in dem sein Schauen, nur zurückgeschraubt,

sich hält und glänzt. [...] (Z. 2–5)

Neben dem Blick ist „die Zeugung" (Z. 8) ein nicht mehr Vorhandenes, das zurückgerufen wird.

Als Beweis dafür, daß das Fehlende doch vorhanden sein muß, zieht der Sprecher die Wirkung des Torsos auf den Betrachter heran, indem er den Betrachter direkt in die Beschreibung einbezieht: „Sonst könnte nicht der Bug / der Brust dich blenden" (Z. 5/6). Damit suggeriert er dem so angesprochenen Betrachter gleichzeitig eine Wirkung und läßt dessen Widerspruch erst gar nicht zu. Der Abglanz der „Zeugung", womöglich als Sinnbild der schöpferischen Potenz gedacht, strahlt nicht die gleiche Intensität aus wie der vermittelte Blick, das „Drehen / der Lenden" (Z. 6/7) ist nur ‚leise', und das Sichtbare ist nur „ein Lächeln" (Z. 7). Die als Ort genannte „Mitte" (Z. 8) ist nur dann tatsächlich eine Mitte, wenn die dem Torso fehlenden Teile in der Vorstellung ergänzt werden. Wie der zweite Teil der ersten „Sonst"-Begründung den Betrachter außer acht läßt, läßt auch der erste Ansatz der zweiten „Sonst"-Begründung diesen außen vor und unterläßt zunächst auch die Negation des Konjunktivs:

Sonst stünde dieser Stein entstellt und kurz
unter der Schultern durchsichtigem Sturz (Z. 9/10).

Was hier durch den Konjunktiv in den Bereich des Irrealis geschoben wird, ist in Wirklichkeit das, was sich dem nicht wertenden oder interpretierenden Schauen bietet: die in Teilen zertrümmerte Plastik. Doch der letzte Vers des ersten Terzetts greift sofort wieder die die Realität übersteigende Wirkung der Plastik auf: „und flimmerte nicht so wie Raubtierfelle;" (Z. 11). Das folgende Bild greift diese Wirkung auf, steigert sie, um sie auch abschließend wieder auf den Betrachter zu beziehen:

und bräche nicht aus allen seinen Rändern
aus wie ein Stern: denn da ist keine Stelle,
die dich nicht sieht. (Z. 12–14).

War vorher die Wirkung auf den Betrachter nicht durch eine aktive Handlung verursacht („blenden", Z. 6), so scheint nun der Torso sich gezielt auf den Betrachter zu richten („dich sieht"). Diese Wendung erscheint als Zusammenfassung der vorhergehenden Beziehung zwischen Torso und Betrachter. Die äußere Oberfläche des Torsos wird so gut wie nicht beschrieben, sondern in erster Linie findet das hinter der Oberfläche Stehende, nicht Sichtbare das Interesse des Sprechers. „Dadurch ist die Oberfläche nicht mehr Grenze und Außenseite, sondern ein Produkt innerer Kräfte und Mächte."[60] Unter dieser Oberfläche sind Energien wirksam, die diese transzendieren. Nicht nur verrät das Flimmern „wie Raubtierfelle" (Z. 11) die unter der Oberfläche lebendige und pulsierende Kraft und Wildheit, der Stein der Figur weist weit über sich hinaus (‚bricht aus'), wenn er im Betrachter den Vergleich mit dem Stern provoziert. So ist auch die abschließende Aufforderung an den Betrachter „Du mußt dein Leben ändern" (Z. 14) zu verstehen, daß der Betrachter ein ebensolches Maß an intensiv gebündelter innerer Energie in sich freisetzen soll, um vor einem solchen Kunstwerk bestehen zu können. Nicht mehr der Betrachter beobachtet und beurteilt das Kunstwerk, er hat sich vor dem Kunstwerk zu verantworten. In der Beobachtung durch das Kunstwerk („denn da ist keine Stelle, / die dich nicht sieht", Z. 13/14) schwingt eine verborgene Anklage des Steins mit.

Die Beschreibung des Objektes in diesem Gedicht ist keine ruhende, sondern durch die Beteiligung des Betrachters und den Bezug auf die im Hintergrund stehende vollständige Apollo-Figur eine äußerst bewegte. Im Sinne Rodins löst Rilke hier das Objekt an der Oberfläche auf, um in dessen tieferen Schichten zum Eigentlichen vorzustoßen. Das Objekt ist nicht das Sinnbild für entfernte Bedeutungsbereiche, sondern das Sinnbild für Bedeutungsschichten, die in ihm verborgen liegen, aber wesentlich zu ihm gehören. „Wenn [...] das Wichtige sich gerade nicht mehr an das Materielle bindet, dann werden die Dinge zu Zeichen, deren Bedeutetes noch da ist, auch wenn das materielle Substrat verschwunden ist. An dieser Entstofflichung arbeitete Rilke sein Leben lang."[61]

Die Verlebendigung der ganzen Apollo-Gestalt aus dem Torso erreicht Rilke, indem seine Bilder Beziehungen zu fernliegenden Bedeutungen (Zeugung, Raubtierfelle, Stern) herstellen. „Dies nannte er selbst ‚Übersteigung', auch wohl ‚reine Übersteigung'."[62] Das aus dem Torso gewonnene Apollo-Bild idealisiert: Das Haupt wird als „unerhört" (Z. 1) vermutet, die Brust mit einem Schiff verglichen („Bug", Z. 5), auch die Vergleiche mit den Raubtierfellen und den Sternen leisten solches.

Die Sprache des Gedichtes ist von ausgewählter Schönheit. Lautliche Entsprechungen im Bereich der Vokale und Konsonanten schaffen Zusammenhänge, die den inhaltlichen entsprechen: z. B. in der ersten Strophe tritt der Diphthong au aus den zusammenhängenden Wörtern Haupt, Augen, Schauen gehäuft auf. Assonanzen, Alliterationen und die Fügung der Vokal- und Konsonantlaute lassen weit ausschwingende und abgemessene sprachliche Melodiebögen entstehen.

Die Bilder, Metaphern und Vergleiche des Gedichtes sind kühn, und daraus bezieht das Gedicht einen Großteil seines Reizes. Reifende Augenäpfel, zurückgeschraubtes Schauen, Bug der Brust, Flimmern wie Raubtierfelle, Aus-den-Rändern-Brechen des Steins, das Sehen des Steins sind sprachliche Figuren, die in ihrer Gewagtheit zu Rilkes Zeit außergewöhnlich waren, wie sie in der modernen Poesie aber zum festen Bestandteil geworden sind. Die denotative Bedeutung vieler dieser Wendungen läßt sich rational nicht festlegen: Was soll der Leser sich konkret unter dem „Lächeln" vorstellen, das zur Mitte geht? Wieder überschreitet Rilke die Grenzen des Sagbaren.

Der inhaltlich evozierten Übersteigung entspricht auch die formale Struktur. Rein äußerlich weist das Gedicht die Sonettform mit zwei Quartetten und zwei Terzetten auf. Auch die Reimanordnung (abba cddc eef gfg) liegt im Toleranzbereich der Sonettform. Doch innerlich wird die Form nicht eingehalten, kaum eine Verseinheit fällt mit einer semantischen zusammen. Enjambements und ein versteckter Reim („blenden – Lenden", Z. 6–7) brechen die äußere Struktur des Textes auf; damit wahrt Rilke eine innere Flexibilität und Lebendigkeit gegenüber einem starren Formalismus, wie er z. B. Sonetten der Barockzeit anhaftet.

Das Gedicht *Archaischer Torso Apollos* eröffnet den zweiten Teil der *Neuen Gedichte*, deren erster Teil (1907) ebenfalls mit einem Apollo-Gedicht beginnt:

Früher Apollo

Wie manches Mal durch das noch unbelaubte
Gezweig ein Morgen durchsieht, der schon ganz
im Frühling ist: so ist in seinem Haupte
nichts was verhindern könnte, daß der Glanz

aller Gedichte uns fast tödlich träfe;
denn noch kein Schatten ist in seinem Schaun,
zu kühl für Lorbeer sind noch seine Schläfe
und später erst wird aus den Augenbraun

hochstämmig sich der Rosengarten heben,
aus welchem Blätter, einzeln, ausgelöst
hintreiben werden auf des Mundes Beben,

der jetzt noch still ist, niegebraucht und blinkend
und nur mit seinem Lächeln etwas trinkend
als würde ihm sein Singen eingeflößt.

Hier kann nur der Raum sein für einen ganz flüchtigen Vergleich, der in erster Linie Aufschluß über das spätere Apollo-Gedicht bringen soll. Parallelen zwischen den beiden Gedichten lassen sich unschwer erkennen. In beiden finden sich über das gemeinsame zentrale Motiv hinaus Bilder des Strahlens und Glänzens, in beiden bildet das Schauen[63] eine zentrale Kategorie. Doch entscheidender sind die Unterschiede, und dafür sind die Temporaladverbialen aufschlußreich. „Noch" findet sich in beiden Texten, doch während es im *Frühen Apollo* ein ‚noch nicht' bezeichnet, ist im *Archaischen Torso Apollos* ein ‚immer noch' gemeint. Der frühe Apollo erfährt keine Übersteigerung, sondern in ihm sind erst die frühen Anlagen und Ahnungen künftiger Vollkommenheit zu erkennen, Anlagen, die im späten Apollo aus ihrer ganzen Entwicklung heraus ihre volle Kraft und Energie entfalten. Doch schon der frühe Apollo verheißt sich als Gott der Kunst („Gedichte", „singen"), als welcher der späte Apollo vollends erkannt wird.

Doch muß nach der Bedeutung der Apollo-Gestalt im *Archaischen Torso Apollos* genauer gefragt werden, denn als Vorlage für Rilkes Gestaltung diente eine Figur, die in ihrer ursprünglichen Darstellungsabsicht keineswegs Apollon darstellen sollte. Die Transformation des Jünglingstorsos in den Gott Apollon entspringt einzig und allein Rilkes Imagination.

Der Gott Apollon erfüllt in der griechischen Mythologie mehrere Funktionen. Auf drei dieser Funktionen nimmt das Gedicht mehr oder weniger deutlich Bezug. Mit dem Sonnengott Phoibos läßt sich die Vorstellung der wie ein Stern strahlenden Figur verbinden. Die Raubtierfelle wecken die Assoziation an Apollon Lykeios, den Beschützer der Herden gegen Raubtiere. Apollon Musagetes, der Gott der Musen, ist die Bedeutung, die bei dem Gott Apollon am häufigsten von vorneherein mitgedacht wird.

Apollon spielt aber auch eine zentrale Rolle im Denken Friedrich Nietzsches. In seiner Schrift *Die Geburt der Tragödie aus dem Geiste der Musik* (1872) greift er das von Schelling (dt. Philosoph, 1775–1854) geschaffene Begriffspaar apollinisch – dionysisch auf, welches das von Form und Ordnung bestimmte Wesen Apollons der rauschhaften Extase Dionysos' gegenüberstellt. Die Synthese dieses Antagonismus sieht Nietzsche in der antiken Tragödie und in Richard Wagners Musikdramen gegeben.

Auch in Rilkes Gedicht tritt Apollon als komplexes Symbol für das Kunstwerk auf, das das Dionysische in sich trägt, daran erinnern z.B. die Raubtierfelle. Die Synthese beinhaltet die unbewußten Kräfte des Ursprünglichen, Wilden, des Urwillens, dem das Fühlen nahesteht, sowie die rationalen Kräfte des Formwillens. Die Rezeption des Kunstwerks durch den Betrachter setzt sich mit Fühlen und Reflektieren aus dionysischen und apollinischen Komponenten zusammen. Damit erreicht das Kunstwerk eine eigene ästhetische, ja ethische Dimension, die Forderungen an den Betrachter stellt: Der Betrachter hat sich gegenüber dem Kunstwerk zu verantworten.

4.4
Exkurs 4:
Zur Motivgruppe „Mythos und Transzendenz"

Kunst wurde gewissermaßen zum Religionsersatz, der Künstler zum Priester. Doch auch innerhalb dieser neuen Funktion der Kunst ist nach der Antwort zu fragen, die auf die allgemeine Sinnfrage des Lebens gegeben wurde. Welche Bedeutung wird dem Ich in der Welt zugeteilt? Gibt es noch einen Gott, und welche Bedeutung hat er?

Hugo von Hofmannsthal glaubt an das Verwobensein des einzelnen in das Kontinuum der Ewigkeit. In jedem einzelnen lebt die Vorgeschichte fort, und jeder einzelne wird in der Nachgeschichte weiterleben. In *Manche freilich* bekundet er diesen Glauben an die, wie er es nennt, „Präexistenz". In seinem Gedicht *Vor Tag* erscheinen die Figuren Jesus und Maria, allerdings erinnert ihr Erscheinen an ein barockes Mysterienspiel. Immerhin gibt es bei Hofmannsthal den Gott des Christentums weiterhin.

Auch Rainer Maria Rilke wendet sich noch in der Art eines Gebets an einen Gott, den man mit dem Gott aus dem Christentum identifizieren kann. Allerdings ist für Rilke dieser Gott nicht eine aus sich heraus immer schon bestehende Instanz, sondern muß vom gläubigen Menschen immer neu geschaffen werden (*Stundenbuch*). So gewinnt das Individuum gegenüber diesem Gott eine große Autonomie. Im Gedicht *Herbsttag* erfährt der Mensch seine Zufriedenheit nicht als Gnade Gottes, sondern erwirbt sie selbst durch sein erfülltes Dasein. Stefan George geht einen Schritt weiter als Rilke. Nicht mehr der christliche Gott muß vom Menschen erschaffen werden, sondern der Künstler wird zum Schöpfer eines völlig neuen Gottes. George erschafft seinen jugendlichen Gott Maximin aus Erfahrungen in seinem Leben und huldigt diesem knabenhaften Gott in den mythischen Bildern des Gedichts *Gemahnt dich noch das schöne bildnis.*

4.4.1
Hugo von Hofmannsthal: „Manche freilich ..."

Das im eigentlichen Sinne titellose Gedicht (1895) von Hofmannsthal findet sich in der Gedichtsammlung *Ewiger Vorrat deutscher Poesie,* die Rudolf Borchardt 1926 herausgegeben hat, unter dem vermutlich von Borchardt hinzugefügten Titel *Schicksalslied.* Daß dieser Titel das Thema des Gedichts andeutet, ist wohl ausschlaggebend dafür, daß Hofmannsthal ihm nie widersprochen hat. Eine Abschrift von Hofmannsthals Hand trägt den Titel *Die Geschicke.* Das menschliche Leben in seiner diesseitigen Ausprägung und in seinem metaphysischen Zusammenhang bildet das Thema des Gedichtes.

Die ersten beiden Bilder des Gedichtes bauen einen Gegensatz zwischen „drunten" (Z. 1) und „droben" (Z. 3) auf. In beiden Sphären leben Menschen unter gegensätzlichen Bedingungen.

Das erste Bild ruft die Vorstellung einer Galeere wach, in deren Tiefe Sträflinge oder Sklaven strafweise oder unverschuldet ihr Dasein fristen. Ihr Schicksal ist ausweglos, das ‚Sterben-Müssen' (Z. 1) drückt dies aus. Damit werden sie zum Inbegriff des Unterdrückt- und Ausgebeutetseins, was auch der Sprecher des Gedichtes (der sich in der 4. und 5. Strophe mit „ich" selbst ins Gespräch bringt) eingesteht. In dem Adverb „freilich" (Z. 1) schwingen sowohl das Zugeständnis und das Bedauern über diesen Umstand, als auch dessen unausweichliche Schicksalhaftigkeit mit. Mit ihrem Ruderdienst leisten die Ausgebeuteten allerdings einen unverzichtbaren Beitrag für die Fortbewegung des Schiffes.

Demgegenüber ist denen „droben" die Macht gegeben, die Richtung zu bestimmen; sie „wohnen bei dem Steuer" (Z. 3). Über deren schicksalsmäßige Bestimmung ist nichts gesagt, sie „wohnen" nur, während die drunten ‚sterben müssen'. Ihre Freiheit ist in den Bildern „Kennen den Vogelflug und die Länder der Sterne" (Z. 4) aufgehoben. Darüber hinaus schafft das Bild von der Navigation („Länder der Sterne", Z. 4) auch die Verknüpfung zu der Metapher vom Staatsschiff. Jene bei dem Steuer sind also diejenigen, die die Richtung der durch die Ruderarbeit der anderen erzeugten Fahrt bestimmen. Doch kann man noch über die Bedeutungsebene „Staat" hinausgehen und das Schiff als Metapher des Lebens schlechthin deuten. „Vogelflug" verbindet sich mit dem aus der Antike stammenden Schiff Galeere zu der Assoziation der Auguren. Auguren waren in der Antike Seher, die vorgaben, aus dem Vogelflug die Zukunft weissagen zu können. Die den Vogelflug kennen, besitzen damit eine besondere visionäre Begabung, die sie vor den anderen auszeichnet. Auguren bekleideten den Rang von Priestern.

Das Bild vom Schiff wird zwar in der zweiten Strophe nicht fortgeführt, doch der Gegensatz zwischen den Menschen drunten und droben, auch im sozialen Sinne gemeint, wird auf einer abstrakten Ebene weiter ausgeführt. Wieder ist es eine Gruppe, die der Mühsal und Qual ausgesetzt ist („liegen [...] mit schweren Gliedern", Z. 5). Zu der körperlichen Ausbeutung tritt noch die geistige Verwirrung hinzu, das Adjektiv „verworren" (Z. 6) evoziert diesen Eindruck. Das ‚Liegen' (Z. 5) dieser Menschen soll scheinbar neben der körperlichen Ermattung auch deren seelische Niedergeschlagenheit darstellen.

Im Gegensatz hierzu befindet sich die andere Gruppe wieder in der Gesellschaft von prophetisch begabten Wesen. Ihnen „sind die Stühle gerichtet / Bei den Sibyllen[64] und Königinnen" (Z. 7/8). Auf ihre Anwesenheit bei den Herrschern und den Priestern wird Wert gelegt, sie sind eingeladen, sie fühlen sich heimisch („wie zu Hause", Z. 9). Die körperlichen und seelischen Qualen der anderen sind ihnen fremd, ihre „Hände" (Z. 10) und ihre ‚Häupter' (Z. 10) sind ‚leicht' (Z. 10).

Daß diese beiden Gruppen nicht unabhängig voneinander bestehen können, hat sich im Bild der Galeere bereits angedeutet. Die am Ruder sind unentbehrlich für die Fortbewegung des Schiffes, während die am Steuer mit ihrer seherischen Gabe auch eine wichtige Aufgabe erfüllen. Dieser Gedanke wird in der 3. Strophe deutlich ausgesprochen:

> Doch ein Schatten fällt von jenem Leben
> In die anderen Leben hinüber,
> Und die leichten sind an die schweren
> Wie an Luft und Erde gebunden: (Z. 11–14)

Nicht nur ein wesenloser „Schatten" verbindet die beiden Sphären miteinander, sondern die leichten Leben brauchen die schweren wie etwas Lebensnotwendiges („Luft und Erde", Z. 14). Der Doppelpunkt am Ende dieser Strophe leitet zur Erweiterung dieses Gedankens des Verbunden-Seins in der 4. Strophe hin. Das „Ich" fühlt sich mit Völkern ferner Vorzeiten verbunden, mit Völkern, die nicht nur versunken, sondern sogar ‚ganz vergessen' (Z. 15) sind. Das Bewußtsein des Eingebunden-Seins in einen zeitlichen, einen historischen Prozeß ist unausweichlich: „Kann ich nicht abtun" (Z. 16). Die „Müdigkeiten" (Z. 15, vgl. die Stimmung eines Décadent im Fin de siècle) der „Völker“ (Z. 15, der doppelte Plural signalisiert gleichzeitig deren unermeßliche Vielzahl und auch die historische Unbestimmtheit) knüpfen wieder an die körperliche und seelische Erschöpfung der ersten beiden Strophen an. Diesem Bewußtsein von Zeit entspricht in der zweiten Hälfte der 4. Strophe die Erfahrung des kosmischen Raumes. Das „Niederfallen ferner Sterne“ (Z. 18) ruft in der Seele des Ich eine existentielle Erschütterung hervor. Für wen wäre auch die Vorstellung von der Existenz des Individuums in der zeitlichen Ewigkeit und räumlichen Unbegrenztheit in Geschichte und Kosmos ohne Schaudern faßbar? Die so erkannte Bestimmtheit des individuellen Schicksals wird in der letzten Strophe zu dem der anderen in Beziehung gesetzt. Zunächst wird das Nebeneinander vieler einzelner Schicksale erkannt: „Viele Geschicke weben neben dem meinen.“ (Z. 19) In der zweiten Stufe stellt sich die Erkenntnis ein, daß diese Schicksale, die in sich ein Gewebe („weben“, Z. 19) darstellen, vom „Dasein“ (Z. 20) zu einem größeren Gewebe zusammengefügt werden. Das Prinzip dieses existentiellen Verwobenseins ist dem Ich nicht durchschaubar: „Durcheinander“ (Z. 20) erscheint ihm das ‚verworrene Leben‘ (Z. 6). „Leben als Verwirrendes“[65] formuliert Hofmannsthal wiederholt in seiner Selbstinterpretation *Ad me ipsum*.

Mit dieser Überzeugung artikuliert Hofmannsthal die Einstellung eines monistischen[66] Verwobenseins[67] und greift damit in seinem Werk eine um die Jahrhundertwende weitverbreitete Weltanschauung auf, mit der man versuchte, die Erfahrung der Dissoziation von Ich und Welt zu überwinden, indem man hinter den disparaten Erfahrungen einen umfassenden Sinn suchte.

Die beiden letzten Zeilen verkünden den Glauben an das persönliche Eingebundensein in ein zeitliches Kontinuum:

> Und mein Teil ist mehr als dieses Lebens
> Schlanke Flamme oder schmale Leier. (Z. 21/22)

Die ‚schlanke Flamme‘ evoziert die Vorstellung der Lebensflamme. Mehr zu sein als eine Flamme, die verlöschen wird, heißt, daß von der Substanz des Ichs etwas überdauern wird. Auch das Lied dieses einen Lebens („Leier“, Symbol für die Kunst) wird nicht ungehört verklingen. Wie von den ganz vergessenen Völkern wird vom Ich etwas für die Nachwelt dableiben.

Die Überzeugung, von der Vorgeschichte geprägt zu sein, spielt eine zentrale Rolle in Hofmannsthals Denken. In seinen Aufzeichnungen *Ad me ipsum* kehrt die Formulierung „Prae-existenz“ in bezug auf verschiedene Werke wiederholt auf. Eng verknüpft mit diesem Geprägt-Sein des Individuums durch die Präexistenz ist die verborgene Persönlichkeitsschicht des „Über-ich“, die Hofmannsthal explizit in den Zusammenhang mit den beiden letzten Zeilen dieses Gedichts setzt[68]. Wie der Begriff Über-Ich die Existenz eines kollektiven Unbewußten, das die gesamte Geschichte prägt, im Individuum andeutet, sieht Hofmannsthal überhaupt den einzelnen als Ausprägung, als Offenbarung eines umgreifenden Kosmos:

> Am 14. [VI.] abends. – Kühl, hell und windig. Plötzlich unter einer großen Pappel stehengeblieben und hinaufgeschaut. Das Haltlose in mir, dieser Wirbel, eine ganze durcheinanderfliegende Welt, plötzlich wie mit straff gefangenem Anker an die Ruhe dieses Baumes gebunden, der riesig in das dunkle Blau schweigend hineinwächst. Dieser Baum ist für mein Leben etwas Unverlierbares. In mir der Kosmos, alle Säfte aller lebendigen und toten Dinge höchst individuell schwingend, ebenso in dem Baum.[69]

Diese Überzeugung bezieht Hofmannsthal auf den Schluß des Gedichtes *Manche freilich*:

> Das Über-Ich: »Und mein Teil ist mehr« etc. [...] Das Ich als Universum.[70]

Der junge Hofmannsthal formuliert in diesem Gedicht eine zeittypische Überzeugung von der gesellschaftlichen, historischen und existentiellen Verwobenheit des Lebens. „Leben“ war im Jugendstil überhaupt einer der zentralen Begriffe. Leben steht für das jedes Dasein bestimmende und ordnende Prinzip. Dieser Versuch einer metaphysischen Deutung des Daseins, der Transzendenz des Individuums und des diesseitig Erfahrbaren entspringt dem Unbehagen an und dem Mißtrauen gegenüber einer als schal geworden empfundenen Religion. „Leben“ lautete das vieldeutige Zauberwort, das den diesseitigen Lebensrausch ebenso prägte wie die lebensmüde Décadence.

4.4.2
Stefan George: „Gemahnt dich noch das schöne bildnis"

Das titellose Gedicht *Gemahnt dich noch das schöne Bildnis* ist wie *Komm in den totgesagten park* in dem Zyklus *Das Jahr der Seele* (1897) enthalten. Allerdings steht dieses Gedicht in dem Teil *Sieg des Sommers.*

Über die formale Ähnlichkeit (drei vierzeilige Strophen mit fünfhebigen Jamben im Kreuzreim, geringe rhythmische Variation) hinaus ist den beiden Gedichten die Sprechsituation gemeinsam. Ein nicht näher bestimmter Sprecher wendet sich mit direkter Anrede an ein nicht näher bestimmtes Gegenüber. Doch im Gegensatz zu dem vorher besprochenen Gedicht werden die so eingeführten Personen nicht als Handelnde in das Gedicht integriert, sondern bleiben als Betrachter außerhalb stehen. Auf diese Weise wird auch dem Leser die Position des Betrachters suggeriert.

Die fragende Anrede an das imaginäre Gegenüber ist gleichzeitig eine Aufforderung zur Erinnerung an ein bestimmtes Bild, das damit aus der Vergangenheit heraufbeschworen wird. Dieses zu erinnernde Bild wird erst in der zweiten Hälfte des Gedichtes genannt: der Knabe, der „sinnend" und ‚lauschend' an das „weihers kante" (Z. 8/9) sitzt. Aber die im ersten Teil des Gedichtes skizzierten Vorgänge bzw. Handlungen sind die Voraussetzungen dieses Bildes, sie führen zu ihm hin, gehen darin ein, verschmelzen damit als integrale Bestandteile. Die Schönheit des dasitzenden Knaben begreift das Spielerische seines Tuns mit ein. Denn seine Betätigungen sind durchweg zweckfreie, spielerische Handlungen, deren lockeres Mit- und Nebeneinander durch die anaphorische Reihung unterstrichen wird: Blumen sammeln (Z. 2), Schmetterlinge jagen (Z. 6), Nektar[71] trinken (Z. 4)

Die Wortwahl verdeutlicht den Spielcharakter der Handlungen: „gehascht" (Z. 2), „vergessen" (Z. 3) und „genascht" (Z. 4). Bei seinem einsamen, aber scheinbar selbstzufriedenen Spiel widmet der Knabe sich den Schönheiten („rosen", Z. 2; „flügelschillern", Z. 6) einer wilden Natur („schluchten", Z. 2). Seine Jagd gilt nicht der Ernährung und dem Töten, sondern einem schönen Tier, einem Falter oder einer Libelle („flügelschillern", (Z. 6).

Dieser wildnishaften Natur als Raum für das spielerische Tun steht die kultivierte und geordnete Natur („parke“, Z. 5) als Ort für die Ruhe und Besinnung gegenüber. In keinem der beiden Bereiche macht sich außer dem Knaben ein menschliches Wesen bemerkbar (wenn man von dem indirekten Hinweis auf Menschen absieht, der in dem künstlerisch gestalteten Park vorhanden ist). Die Landschaft gewinnt nicht zuletzt auch dadurch einen mystisch-paradiesischen Charakter. Der Knabe lauscht auch nicht in die Einsamkeit, was metrisch und klanglich im Gedicht möglich wäre, sondern in die Unergründlichkeit („tiefe“, Z. 8) des Geheimnishaften („heimlichkeit“, Z. 8). Die Bestimmtheit der Wörter „dessen“ (Z. 1), „jenes“ (Z. 7) und „der schwan“ (Z. 10) unterstreichen das Märchenhafte des Bildes.

Der zweifache Punkt nach der 2. Strophe beschwört den Leser, an dieser Stelle eine längere Pause zu machen, um der im Text evozierten Stille nachzulauschen. Durch eine kleine rhythmische Variation am Anfang der 3. Strophe – das „Und“ (Z. 9) kann nicht vollkommen als Senkung verstanden werden – wird diese Zäsur aufgefangen und der vorherige ruhige Sprachfluß wieder in Gang gesetzt. In der 3. Strophe erfährt das Bild des Knaben eine Steigerung, indem es über sein erstes Stadium hinausgeführt wird. Auch die Natur zeigt sich von dem schönen Bild des Knaben angetan und huldigt ihm. Der Schwan[72] als Inbegriff der Schönheit, Eleganz und Majestät des Tieres nähert sich dem Knaben, und in der kosenden Gebärde vereinigen sich die beiden zu einem märchenhaften Bild, das ältere Mythen wie z. B. Leda mit dem Schwan als Assoziation wachruft.

Zwar hat eingangs die sprechende Person ihr Gegenüber zur Erinnerung an dieses Bild aufgefordert, doch geht sie nicht auf die Bedeutung dieses Bildes für sie beide ein. Keine Gefühle werden mit der Erinnerung verbunden, keine Sehnsucht ausgesprochen. Die Atmosphäre des Textes erwächst allein aus den Bildern, die in sich auch nicht deutlich ausgeprägt sind, sondern lediglich angedeutet. Der Knabe wird in keiner Weise beschrieben. Allein die Magie der Sprache beschwört die Stimmung dieses Textes. Die Konnotationen der z. T. ungewöhnlichen Wörter („seim“), der Klang und der Rhythmus wirken über die sinnliche Ebene auf den Leser und Hörer – Gedichte, insbesondere die Georges, sollten alle laut gesprochen werden! – ein.

Das Wesen von Mythen ist es, daß sie alle etwas von jedem Menschen in jeder Zeit in sich tragen. Auf die allgemeingültige Bedeutung des mythischen, jeder Wirklichkeit enthobenen Augenblicks hat Hofmannsthal im *Gespräch über Gedichte* hingewiesen:

> Das ist der Zauberkreis der Kindheit, in dem reinen tiefen Spiegel unstillbarer Sehnsucht aufgefangen. Wie rein es ist! Es schwebt wie eine freie leichte kleine Wolke hoch über einem Berg. Wie rein es ist! Es drückt einen grenzenlosen Zustand so einfach aus.[73]

Die Vergegenwärtigung des Bildes aus der Erinnerung, in dem die vorangegangenen Tätigkeiten verschmelzen, hebt in der Tat die Grenzen der Zeit auf. Der Mythos der reinen Kindheit wird somit in die Gegenwart getragen und dort lebendig.

Im Kontext der Biographie Georges gewinnt dieses überhöhte, jeder Realität enthobene Bild des Knaben eine weitere Bedeutung. Im Jahre 1902 hatte George den damals vierzehnjährigen Maximilian Kronberger in München kennengelernt und diesen 1903 in seinen Kreis aufgenommen. Ein Jahr später starb dieser Junge nach nur kurzer Krankheit. Obwohl Georges Verhältnis zu ihm wenige Wochen vor dessen Tod zumindest äußerlich etwas abgekühlt war, traf dieser Verlust George jedoch anscheinend sehr schwer. Bald darauf verkündete George in seinem Kreis, daß der Verstorbene kein gewöhnlicher Mensch gewesen sei, sondern ein Gott, dem er den Namen Maximin gab. Die Verehrung Georges für diesen selbstgeschaffenen Gott spiegelt sich auch in seiner Dichtung wider. 1906 ließt er die Gedichte an Maximilian Kronberger mit 200 Exemplaren unter dem Titel *Maximin. Ein Gedenkbuch* erscheinen.

Die persönliche Beziehung zu Maximilian Kronberger war sicherlich nicht frei von einer erotischen Komponente, doch interessiert der Prozeß der Apotheose[74] in diesem Zusammenhang mehr. Wie George in seiner Dichtung eine von der äußeren Realität abgehobene Gegenwelt zu dieser schafft und er seine gesamte Dichterexistenz gewissermaßen als Kunstwerk begreift, das er nach ästhetischen Maßstäben gestaltet, schafft er sich mit dem Gott Maximin auch selbst ein metaphysisches Verehrungsobjekt.

> Aus einem toten sechzehnjährigen Jungen bildet George den Gott Maximin als Antwort auf die von Hölderlin aufgeworfene Frage nach

der Möglichkeit des »Dichters in dürftiger Zeit«. Mit anderen Worten: die Krise, in der der mythische Dichter sich befindet, da er seinen Anspruch in der modernen, rational erhellten Welt auf kein göttliches Geheimnis mehr beziehen kann, soll überwunden werden mittels eines Kultus, der nur als Ausdruck dieser Krise begreiflich ist. Bedarf es eines Beweises, daß George nicht – wie er selber glaubt – am Anfang, sondern am Ende einer Entwicklung steht, dann ist er durch dieses manipulierte Gotterlebnis erbracht.[75]

4.4.3 Rainer Maria Rilke: „Herbsttag"

Das Gedicht *Herbsttag* ist erstmals in der zweiten Ausgabe des Zyklus' *Das Buch der Bilder* 1906 erschienen, entstanden ist es am 21. September 1902 in Paris. Nicht wie in Herbstgedichten früherer Epochen (z.B. Hebbel, *Herbstbild*) kommt in diesem Gedicht nicht allein die Stimmung eines Subjektes vor der Hintergrundfolie Herbst zum Ausdruck, sondern Rilke versucht, das Wesen des Herbstes in seinem lyrischen Text zu fassen. Dabei lenkt er den Blick auf zwei wesentliche Aspekte des Herbstes: Herbst als Zeit der Vollendung und Reife, aber auch als Zeit der Einsamkeit. Diesen beiden Aspekten entsprechen auch die inhaltlichen Abschnitte des Gedichtes. Der erste Teil (Z. 1–7) ist dem ersten Aspekt gewidmet, der zweite Teil (Z. 8–12) dem letzteren.

Durch den Beginn erhält der erste Teil Gebetscharakter: „Herr: es ist Zeit." (Z. 1). Die gehäuften Imperative markieren eine appellative Hinwendung des Betenden zu Gott. Durch die Verbindung der an sich alltäglichen Redewendung „es ist Zeit" mit der Anrede an Gott erfährt diese nicht nur eine religiöse Veredelung, auch die Bewertung dieses Moments als Augenblick der Erfüllung deutet sich darin an. Die Erinnerung an die Schönheit des Sommers ruft im Sprecher das Gefühl des Überwältigt-Seins hervor: „Der Sommer war sehr groß." (Z. 1). Nach dieser rückblikkenden Wendung richten sich die folgenden Bitten an den „Herrn" auf noch zu Tuendes, auf die Zukunft. Die Allmacht Gottes drückt sich in den Aufforderungen, den „Schatten auf die Sonnenuhren" (Z. 2) zu legen und „auf den Fluren [...] die Winde" loszulassen, aus. Der ‚Schatten auf den Sonnenuhren' beschwört die Dimension der Zeit. Nicht nur die Verdüsterung in der kalten Jahreszeit ist gemeint, sondern das generelle Absterben und Stillstehen der Zeit.

In der zweiten Strophe steigert sich die Intensität der an Gott gerichteten Beschwörung, was durch die exponierte Stellung der Imperative am Versanfang unterstrichen wird: „Befiehl“ (Z. 5) – „gieb“ (Z. 5) – „dränge“ (Z. 6) – „jage“ (Z. 6). Die Steigerung vollzieht sich auch im Rhythmus. Vers 4 endet mit einer Hebung („sein“), auf die im 5. Vers eine beschwerte Senkung („gieb“) folgt. Beim Sprechen des Gedichtes ist hier eine Pause erforderlich. Beim Übergang von der 5. zur 6. Zeile wird der Sprachfluß durch die Abfolge Hebung – Senkung („Tage“) – Hebung („dränge“) ohne Zäsur in die folgende Zeile gezogen. Das Enjambement „jage / die letzte Süße“ (Z. 6/7) setzt diese Entwicklung fort und bringt sie zu ihrem Höhepunkt. Die religiöse Inbrunst des Gebetes steigert sich angesichts der Bilder von der Fülle und der Vollendung der Natur. Die Reife, Fülle und Vollendung der Früchte und die „Süße“ (Z. 7) des Weins sind schon fast Topoi für die Vollendung der Natur im Herbst. Diese Vollendung ist nur möglich durch den Nachklang aus der Jahreszeit, die somit als der Höhepunkt des Jahres erscheint, den Sommer („noch zwei südlichere Tage“, Z. 5). Das sich in der Intensität steigernde Gebet erscheint angemessen als Sageweise für die Vollendung der Natur und des sich darin offenbarenden Gottes.

Die dritte Strophe als zweiter Teil des Gedichtes greift ganz andere Aspekte des Herbstes auf. Die Unbehaustheit, das Nicht-da-zu-Hause-Sein des Menschen („Wer jetzt kein Haus hat, baut sich keines mehr.“, Z. 8), die Einsamkeit („Wer jetzt allein ist“, Z. 9), seine Besinnung auf sich selbst und seine Suche nach Trost („wird wachen, lesen, lange Briefe schreiben“, z. 10), sein Getrieben-Sein („unruhig wandern“, Z. 12), seine Hinfälligkeit (Vergehen des Laubes) und sein Bewußtsein vom Geworfen-Sein in die Welt („wenn die Blätter treiben“, Z. 12) werden in dieser Strophe in Bilder gefaßt. Trotz der hintergründigen Melancholie dieses Teils bleibt doch der Eindruck haften, daß in dieser Befindlichkeit des Menschen sich seine Reifung, parallel zu der Natur, ausgedrückt.

Die Erfahrung scheint die hinreichende Grundlage für diese auf die Zukunft gerichteten Aussagen („wird“) abzugeben. Dem thematischen Kontrast zwischen erstem und zweitem Teil entspricht auch der sprachliche. Die parallel gebauten Aussagesätze erzeugen Monotonie und wirken, verglichen mit den Bildern des ersten Teils, herb und farblos. Der Rhythmus ist regelmäßiger und damit auch monotoner geworden.

Warum das Gedicht *Herbsttag* und nicht *Herbst* wie ein anderes Gedicht im gleichen Zyklus heißt, wird somit deutlich. Der eine Herbsttag ist der zentrale Fokus, in dem sich das ganze Wesen des Herbstes konzentriert. Er bildet den Angelpunkt zwischen der zur Vollendung zu führenden Vergangenheit und der in Aussicht stehenden Zukunft, die beide wesentliche Aspekte des Herbstes darstellen. Herbst wird verstanden als Herbst des Lebens.

Die Formulierung „Wer jetzt [...]" mit der folgenden Negation findet sich bereits in Rilkes Gedicht *Jetzt reifen schon die roten Berberitzen* aus dem Zyklus *Das Stunden-Buch*:

Jetzt reifen schon die roten Berberitzen,
alternde Astern atmen schwer im Beet.
Wer jetzt nicht reich ist, da der Sommer geht,
wird immer warten und sich nie besitzen.

Wer jetzt nicht seine Augen schließen kann,
gewiß, daß eine Fülle von Gesichten
in ihm nur wartet, bis die Nacht begann,
um sich in seinem Dunkel aufzurichten: –
der ist vergangen wie ein alter Mann.

Dem kommt nichts mehr, dem stößt kein Tag mehr zu,
und alles lügt ihn an, was ihm geschieht;
auch du mein Gott. Und wie ein Stein bist du;
welcher ihn täglich in die Tiefe zieht.

Die Parallele zwischen den beiden Texten ist unverkennbar, daher ist es lohnenswert, sie zur gegenseitigen Erhellung miteinander zu konfrontieren. Auch hier erscheint – sogar deutlicher – der Herbst als Herbst des Lebens. Die Einsamkeit des Herbstes wird erträglich durch das Sich-Besitzen: „Wer jetzt nicht reich ist, / [...] wird [...] sich nie besitzen. [...] Dem kommt nichts mehr, dem stößt kein Tag mehr zu." In der Formulierung des Negativen entwirft Rilke das Bild des Positiven, des Wünschenswerten. Wer aus der Blütezeit seines Lebens „Reichtum" bezogen hat, kann den Herbst als Zeit der Reife im vollen Besitz seiner Selbst [76] verbringen. Für denjenigen wird Einsamkeit nicht zur Qual, sondern zum Ausdruck seiner Kraft und Reife.

Aus diesem Gedanken heraus wird die Form des Gedichtes *Herbsttag* verständlich. Durch die von Strophe zu Strophe steigende Verszahl (3 – 4 – 5) versinnbildlicht Rilke seine Vorstellung vom Anwachsen menschlicher Reife.

Durch die Anrede an den „Herrn" hat das Gedicht im ersten Teil den Charakter des Gebetes. Das kann dazu verleiten, hierin ein Dokument christlicher Religiosität zu erkennen. Doch das wäre sicherlich verfehlt. Das Berberitzen-Gedicht hat den Bezug zum *Stunden-Buch* bereits hergestellt. Im *Stunden-Buch* bildet die Fiktion des lyrischen Ich als russischer Maler-Mönch das Zusammenhang stiftende Prinzip. Der Mönch umkreist in seinen Gedichten und Gebeten Gott und die Kunst:

> Ich kreise um Gott, um den uralten Turm,
> und ich kreise jahrtausendelang;
> und ich weiß noch nicht: bin ich ein Falke, ein Sturm
> oder ein großer Gesang.

„Ohne Rücksicht auf ein dogmatisches Christentum wird in diesen Gedichten eine Religiosität evoziert, die im Gefühl ihren Ort hat und den sinnsuchenden Bedürfnissen einer Leserschaft zur Sprache verhilft, die die kirchlichen und theologischen Bindungen hinter sich gelassen hat, aber doch ohne ein Numinoses nicht auskommen kann."[77] Der Gott des *Stunden-Buches* muß erst erschaffen werden:

> Wir bauen an dir mit zitternden Händen
> und türmen Atom auf Atom.
> Aber wer kann dich vollenden,
> du Dom.

Das andere Bild vom zu bauenden Gott stellt den Bezug zur Kunst dar, Gott ist die mittelalterliche Kathedrale, an der wir bauen:

> Werkleute sind wir: Knappen, Jünger, Meister,
> und bauen dich du hohes Mittelschiff.
> [...]
> Erst wenn es dunkelt lassen wir dich los:
> Und deine kommenden Konturen dämmern.
>
> Gott, du bist groß.

Das Künstlertum wird so zu Gottesvollendung durch den Menschen. Dem Dichter kommt dabei die Aufgabe des ‚Sinnsetzers, des Priesters in einer säkularisierten Welt'[78] zu. Diese Haltung ist der Position Stefan Georges nicht unähnlich, doch wendet sich Rilke in späteren Schaffensphasen deutlich den Dingen der äußeren Wirklichkeit zu, die dann allerdings eine ästhetische Transformation erfahren (vgl. *Der Panther*, *Archaischer Torso Apollos*, *Spätherbst in Venedig*).

4.4.4 Hugo von Hofmannsthal: „Vor Tag"

Mit dem ersten Wort in Hugo von Hofmannsthals Gedicht *Vor Tag* (1907) „Nun" wird ein scheinbar schon vorher Begonnenes fortgesetzt. Ähnlich wie das „Und" in der *Ballade des äußeren Lebens* erfüllt das Adverb „nun" eine gliedernde Funktion. Doch auch die Unterschiede in der formalen Gestaltung sind deutlich: Der Text weist keine Strophengliederung auf und ist reimlos. Der fünfhebige Jambus bildet das reichlich variierte Modell für den rhythmischen Aufbau der Verse. In diesem Text spielt Hofmannsthal ausgiebiger mit dem Rhythmus, vom Sinn und vom klanglichen Gewicht her. Schwere Silben treten an die Stelle der Senkungen und erzeugen rhythmische Stauungen. Auch das Wort „nun" ist nicht so schematisch eingesetzt wie das „Und" in der *Ballade*. Häufiger wechselt es seine Position im Vers und erlangt damit jedesmal eine andere rhythmische Valeur. Das Gedicht ist durch variable Proportionierung in sich spannungsvoll, aber ausgewogen.

Bereits die Überschrift weist den Leser auf die Zeit als Gegenstand des Gedichtes hin, der Text fängt die eigenartige Stimmung „vor Tag" ein und endet mit dem gewordenen Tag. Mit dem zehnmal auftretenden „Nun" wird ein Zeitadverb zum zentralen Schlüsselwort des Textes, welches als zeitliche Kategorie zwischen der Gleichzeitigkeit und dem Nacheinander verbleibt. Jedes der Bilder des Textes wird durch ein „Nun" eingeleitet. Auf den ersten Blick wirken die Bilder unzusammenhängend und wahllos herausgegriffen. In einem panoramaartigen Überblick werden die Bilder vor den Blick des Betrachters gezogen.

Ehe der Leser sich versieht, befindet er sich mitten im Gedicht, das erste „Nun" hat ihn überaus dezent in das erste Bild hineingezogen. Das erste Bild entwirft eine fahle Atmosphäre, die das gesamte Gedicht prägt („stumm“, Z. 6; „dumpf“, Z. 11; „leise“, Z. 16/17; „beklemmend“, Z. 23; „schwer“, Z. 24; „geisterhaft“, Z. 25; „beklommen“, Z. 36). Die Natur befindet sich im Stadium der überstandenen Unruhe, ein Gewitter ist von Ferne in seinen letzten Auswirkungen zu erkennen. Durch die Personifikation wird das Gewitter zu einem Leidenden, es „liegt und zuckt [...] in sich zusammengesunken“ (Z. 1/2). Der Ort des sterbenden Gewitters („Himmelsrand“, Z. 1) öffnet den Naturraum nach oben und unten.

Im menschlichen Bereich findet dieses Bild seine Entsprechung. Die gewittrig schwüle Nacht (‚heiße Lider‘, Z. 4) war für den ‚Kranken‘ (Z. 3) eine Zeit der Qual. Vom Tag erhofft er sich Erleichterung und Erholung: „ ‚Tag! jetzt werd ich schlafen!‘ “ (Z. 3). Damit deutet sich die Bedeutung der Zeit „vor Tag“ an; sie ist die Übergangszeit, der Umschwung von der dumpfen, schwülen, quälenden, erregten Nacht zur Klarheit des Tages. Zu diesen Bildern des Krank- und Gequältseins bildet das dritte Bild einen deutlichen Gegensatz. „Die junge Kuh“ als Metonymie des Tierreichs wird als ‚stark‘ (Z. 5) gekennzeichnet. Der ‚kühle Frühduft‘ (Z. 6) kontrastiert mit den Vorstellungen des Heißen und Schwülen in den ersten Bildern.

Das vierte Bild ist in seinem textmäßigen Umfang größer als die vorhergehenden. Damit entgeht Hofmannsthal der Gefahr der Monotonie und Hast, die aus der gleichmäßigen Proportionierung der Bilder zueinander erwachsen würde. Während die vorherigen Bilder durch Statik und Passivität geprägt waren, kommt mit dem Steinwurf des Landstreichers Bewegung und Aktion in das Gedicht. Die Tat des Landstreichers erfährt sofort eine moralische Bewertung, sein Wurf wird als mit „frecher Hand“ (Z. 9) ausgeführt bezeichnet. Durch das akustische Ergebnis, das ‚dumpfe‘ (Z. 11) Aufschlagen des Steins, kehrt die Handlung zu ihrem Urheber zurück, welcher davor erschrickt. Das Geräusch hat dem Landstreicher seine Tat bewußt gemacht und eine gewisse Befremdung sich selbst gegenüber, sogar Furcht („graust sich selber“, Z. 11) ausgelöst.

Die Bewegung verstärkt sich im folgenden Bild zur Eile, das Wasser „rennt“ (Z. 12) und ‚stürzt‘ (Z. 14), welcher Bewegung etwas Fremdes, ja Bedrohliches zugeschrieben wird („unteilnehmend, wild / Und kalten Hauches“, Z. 14/15). Der Vergleich „Als wollte es der Nacht, der fortgeschlichnen, nach“ (Z. 13) evoziert durch die Personifikation der Nacht ein willentliches Tun derselben. Liegt der Grund der Verfolgung der Nacht durch das Wasser darin, daß sie ein hohes Maß an Geborgenheit zu bieten hatte oder in der Verbrüderung des kalten Wassers mit der bedrohlichen Nacht?

Die Konjunktion „indessen“ (Z. 15) drückt sowohl die Gleichzeitigkeit als auch einen Gegensatz aus. Die folgende Szene steht zu der eben angeklungenen Wildheit und zu der Stimmung des übrigen Gedichtes im Gegensatz. Ganz überraschend taucht „Der Heiland“ (Z. 16) auf, wobei die Selbstverständlichkeit und Fraglosigkeit, mit der dies im Gedicht gesagt wird, fast am meisten befremdet. Doch das Auftauchen des Heilands ist für den Dichter nicht der Anlaß zu pathetischem Sprechen, im Gegenteil, die Heiland-Szene zeichnet sich durch große Schlichtheit und Bescheidenheit aus. Das dreimal wiederholte „leise“ (Z. 16/17) beschwört eindringlich Stille. Schon mit dem Wort „Heiland“ wird die volkstümliche Bezeichnung für Christus bevorzugt. Die Verkleinerungsform „Brücklein“ (Z. 17) leistet ihres zur Verniedlichung, ebenso die Attributierung „kleine“ zu „Rede“ (Z. 18). Trotz des sichtbaren Zeichens für sein Leid („er trägt sein Kreuz“, Z. 20) enthält sich der Jesus des Gedichtes der Klage „und sagt nur: ‚Meine Mutter!‘ “ (Z. 20). Das schlichte „ ‚Ach‘ “ (Z. 21) in der Antwort der Mutter bildet den Höhepunkt des Pathos in dieser Szene.

Und doch geht von dieser so stillen und schlichten Szene eine zauberische Größe aus. Gerade das in der zurückhaltenden Geste („Und sieht sie an“, Z. 21) gebannte Leid atmet Erhabenheit. Auch Trost geht von der Szene aus:

> Und doch ist ihre kleine Rede ewig
> und unzerstörbar wie die Sterne droben. (Z. 18/19)

Jesu Kreuz ist der Inbegriff für das Leid und die Überwindung der Schuld. Und Jesus steht für das Wunder schlechthin. Dieser Gedanke und dieses Stilmittel sind typisch für Hofmannsthal: Im Kleinen liegen die Beständigkeit und das Eigentliche, und das schlichte Bild ohne Aufsehen spricht für sich selbst und bietet dem Leser einen ganzen Kosmos an seelischen Bedeutungen.

Eine solche Auffassung verbietet geradezu das Pathos, und die Szene muß sich in der oberflächlich befremdlichen Weise zwischen scheinbar alltägliche Vorgänge schieben. Der Gedankenstrich, mit dem das Bild schließt, bildet einen Ruhepunkt, an dem der Leser verharren und der Stille dieses Bildes noch einmal nachlauschen kann.

Der Gedanke des Gespräches wird im nächsten Bild fortgesetzt. Dieses Mal sind der personifizierte Himmel und die personifizierte Erde die Partner ‚eines stumm beklemmenden Zwiegesprächs' (Z. 23). Die bedrückende Stimmung des Gedichts lebt in diesem Bild wieder auf. Fast meint man den Seufzer der „alten" (Z. 24) Erde zu vernehmen, wenn sie die für sie scheinbar beschwerliche Last des kommenden Tages auf sich nimmt. Auch dem gesamten Kosmos scheint also Leben ein Leid zu sein.

Die Bilder verkürzen sich in ihrer Proportion wieder. Das folgende Bild besteht lediglich aus einem Satz und greift die fahle Atmosphäre wieder auf: „Nun steigt das geisterhafte Frühlicht." (Z. 26)

In Z. 26 ist das achte „Nun" ganz ans Zeilenende geraten. Das dadurch entstehende Enjambement und die rhythmische Unregelmäßigkeit der folgenden Zeile („Schleicht" kann keinesfalls als Senkung gelesen werden) lassen den Leser stolpern. Bereits der Nacht war in Z. 13 die Heimlichkeit des Fortschleichens unterstellt worden. In diesem Bild schleicht jemand nach einem amourösen Abenteuer zurück in „sein eignes Zimmer" (Z. 29). Der Akt als solcher bildet kein ungewöhnliches Ereignis, und das Erscheinen dieses Bildes nach den vorhergegangenen verwundert etwas. Doch nicht das heimliche Schleichen bildet den Kern dieses Bildes, sondern das sich selbst als Doppelgänger Gegenüberstehen ist wesentlich. Der ‚gute Knabe' (Z. 33) erschrickt vor seinem eigenen Spiegelbild und hat Angst davor. Sein ‚Doppelgänger', für welches Empfinden die äußeren Veränderungen mitverantwortlich sind („blassen, übernächtigen Fremden", Z. 31), erscheint ihm als Mörder seines besseren Ich („guten Knaben", Z. 33), der sich zynischerweise die Hände mit seines Opfers Wasser waschen will. Die innere Beklommenheit des schlechten Gewissens überträgt der Knabe auf die gesamte Atmosphäre.

Sich selber im Spiegel gleichsam als „Doppelgänger"[79] zu sehen, sich selbst fremd zu sein und ein anderes Ich in sich zu erkennen, ist ein Zustand der Selbstentfremdung, der die Voraussetzung bildet für den Akt des „Zu-sich-selber-Kommens"[80]. Indem der Knabe durch sein Abenteuer den unwissenden, naiven Teil in sich tötet, lädt er eine notwendige Schuld auf sich, ohne die er nie zur wissenden, reifen Persönlichkeit werden könnte.

Die letzte Zeile löst die beklemmende Atmosphäre des Gedichtes. Das Geräusch der Stalltür bringt den entscheidenden Umschwung, und der letzte Satz bestätigt („auch"): „und nun ist auch Tag" (Z. 38). Wie schon in Zeile 3 angedeutet, ist der Tag die Zeit der Erlösung. Die inneren und äußeren Kämpfe und das Leid finden in der Klarheit des Tages[81] ihre Erlösung.

Das Gedicht handelt von der Selbstwerdung, vom Zu-sich-selber-Kommen. Das Stadium des klaren Besitzes von sich selbst kann nur auf dem Weg über das Leid und die Schuld erreicht werden. Die Schuld führt in das Leben: „Die Süßigkeit der Verschuldung, die Lust daran [...] Ambivalenter Sinn der »Verschuldung«: Halb verlorener Zustand der Praeexistenz".[82]

Jesus und sein Leid im Garten Gethsemane und am Kreuz ist das Sinnbild für Leid, das jeder einzelne in seiner eigenen Existenz durchzustehen hat, um zum eigentlichen Leben zu gelangen. Schuld und Leid haben ihren Sinn im Prozeß Leben. Der werdende Tag ist das Symbol für das Klarwerden über sich selbst. Die Bedrücktheit der fahlen Atmosphäre spiegelt die inneren Kämpfe. Hofmannsthal verläßt nicht den Rahmen christlicher Religiosität. Er entleiht sich nicht bloß bei der christlichen Tradition quasi-religiöse Sprechweisen oder sakrale Attitüden, sondern die Inhalte des christlichen Glaubens bleiben für ihn bestimmend.

Das Modell des jambischen Fünfhebers erzeugt einen ruhigen rhythmischen Fluß, der durch die Unregelmäßigkeiten in Spannung gehalten wird. So spiegelt auch der Sprachrhythmus das im Gedicht inhaltlich angelegte Wechselspiel von Ruhe und Bewegung.

4.5
Exkurs 5:
Zum Motiv „Décadence"

„Décadence" bezeichnet eine literarische Strömung um 1900, die durch eine thematische Gemeinsamkeit gekennzeichnet ist. Literarische Werke, die in irgendeiner Weise den Untergang, den Verfall thematisieren, sind dieser Strömung zuzurechnen. Ganz unterschiedliche literarische Werke können unter diesem Aspekt verglichen werden. Felix Dahns populärer Roman *Ein Kampf um Rom*, der das Ende des weströmischen Reiches schildert, ist hier unter anderen zu nennen, ebenso wie Thomas Manns Roman *Buddenbrooks*, der den Untergang einer Familie zum Thema hat. Auch Rilkes Roman *Die Aufzeichnungen des Malte Laurids Brigge* beschreibt die morbide Stimmungslage des letzten Abkömmlings eines alten Adelsgeschlechts. Der Tod ist ein häufiges Motiv in diesem Roman.

Symbole für den Untergang waren neben dem Herbst die Stadt Venedig und das antike Rom. Von der Stimmungslage des lyrischen Ich her gesehen ist auch Hofmannsthals *Ballade des äußeren Lebens* ein Beispiel für die melancholische Langeweile eines Décadent. Auch die in diesem Buch besprochenen Herbstgedichte *Komm in den totgesagten park* (George) und *Herbsttag* (Rilke) böten sich für eine Betrachtung unter dem Aspekt der Décadence an.

Rainer Maria Rilkes Gedicht *Spätherbst in Venedig* greift gleich zwei Motive der literarischen Décadence auf: den Herbst und Venedig. Venedig steht dabei als Symbol für eine untergehende, eigentlich schon fast untergegangene Stadt, die in der Phantasie des Betrachters die Stärke ihrer Vergangenheit noch einmal aufleben läßt. Damit wird die Untergangsstimmung des Gedichtes im zweiten Teil zwar durch einen Aufschwung und Aufbruch aufgefangen, doch verbleibt dieser Aufbruch in der Phantasie des Betrachtenden. Das „Nicht mehr" des ersten Gedichtteils entspricht wohl mehr der Realität.

4.5.1
Rainer Maria Rilke: „Spätherbst in Venedig"

Venedig hat seit je seine Anziehungskraft auf Italien-Reisende ausgeübt. Bis heute macht seine Ausnahmestellung unter allen Städten der Welt seine besondere Attraktivität aus. Welche andere Stadt erweckt auch den Eindruck, mitten ins Meer gebaut zu sein? Welche europäische Stadt verfügt noch über solche Orientalismen, die der Stadt einen Hauch von Tausendundeiner Nacht verleihen? Um die Jahrhundertwende, im Zeitalter der literarischen Décadence, erfreute sich das literarische Motiv Venedig erhöhter Beliebtheit, nicht zuletzt als Sinnbild einer untergehenden Kultur. Vor allem in diesem Sinne machte Thomas Mann Venedig zur Kulisse seiner Künstlernovelle *Der Tod in Venedig.*

Auch Rainer Maria Rilke hat die Stadt Venedig mehrfach besucht. Anlaß für das Gedicht *Spätherbst in Venedig* (entstanden im Frühsommer 1908) war wohl seine Venedig-Reise, die er vom 19. bis 30. November 1907 von Paris aus unternahm. Rilke war trotz seiner ausgeprägten Reisetätigkeit nie ein Tourist, er haßte den Tourismus. Diese Einstellung zeigt sich auch in seinem Venedig-Gedicht.

Der „Spätherbst" ist für kaum ein Reiseziel eine günstige Jahreszeit, auch für Venedig ist der Spätherbst eher ungewöhnlich, doch zeigt sich gleich zu Beginn des Textes, daß der Sprecher sich gerade für diese Jahreszeit zu interessieren scheint. Die unbestimmten Zeitadverbialen „Nun [...] schon [...] nicht mehr" (Z. 1) deuten dies an. Das „nicht mehr" deutet auf eine Veränderung gegenüber vorher hin, die recht bald („schon") eingetreten zu sein scheint. Der Sprecher vermerkt diesen Wandel mit einem Anflug von Zufriedenheit („Nun [...] nicht mehr"). Der vorherige Zustand der Stadt wird als ‚treiben' (Z. 1) gekennzeichnet. Dies impliziert zweierlei: Einerseits greift es die visuelle Vorstellung des von fern betrachteten Venedig als einer auf dem Wasser treibenden Stadt auf. Andererseits wohnt dem Wort „treiben" auch die wertende Bezeichnung des Dahintreibens, des Sich-treiben-Lassens und Müßigganges inne. Diese Assoziation erhärtet sich bei dem Vergleich der Stadt mit einem „Köder" (Z. 1). Die Stadt als Köder weist auf eine ablehnende Einstellung gegenüber dem Tourismus hin[83]. Ein Köder dient dazu, ein Lebewesen anzulokken, um es zu fangen oder zu töten, jedenfalls etwas damit zu tun, was seinem Interesse zuwiderläuft. Das Bild von Venedig als Köder führt diese Assoziation aber nicht weiter aus, sondern nennt „alle aufgetauchten Tage" (Z. 2) als Beute des Jägers („fängt", Z. 2). Dieser Formulierung ist etwas von der Zeitvergeudung des früheren Bildes zu eigen, doch entdeckt sich der umfassende Sinn dieser Wendung erst an späterer Stelle.

Dem nicht explizit auf ein Vergleichsobjekt bezogenen Komparativ in „spröder" ist das „nicht mehr" der 1. Zeile inhärent. Das Bild „Die gläsernen Paläste klingen spröder / an deinen Blick." (Z. 3/4) vereinigt synästhetisch drei verschiedene Sinnesbereiche in sich: den visuellen („Blick"), den auditiven („klingen") und den taktilen („spröder"). Dieser sensuellen Komprimierung entspricht die inhaltliche. Die „Paläste" stehen für die gesamte Stadt als Bauwerk, der Palast erscheint als der Inbegriff Venedigs. In ‚gläsern' sind verschiedene Bedeutungsrichtungen zusammengeführt, die Offenheit der Paläste nach außen, die Zerbrechlichkeit der Stadt, Venedig als Stadt einer hohen und einzigartigen Glaskunst (Muranoglas) und die brieflich mitgeteilte Empfindung Rilkes beim Durchwandern der Stadt: „wie unter einer gläsernen Glocke unter dem kalten Wind"[84]. Die in „deinen" enthaltene Anrede ist wohl eher als Selbstanrede des Sprechers zu verstehen, weniger als Einbezug einer zweiten Person als Betrachter.

Im dritten Bild findet das „Nicht mehr" der ersten Zeile seine weitere Fortsetzung. Der Sommer wird als vergangen erfahren. „Und aus den Gärten hängt / der Sommer" (Z. 4/5), bis zu dieser Stelle läßt sich noch an Blumen denken, die nach den ersten kalten Herbstnächten kraftlos herunterhängen. Der Vergleich mit den Marionetten hat das Vergangene des Sommers, das sich in den herabhängenden Blumen manifestiert, als Vergleichsbasis. Gleichzeitig mit dem diesem Bild innewohnenden poetischen Reiz (die herabhängenden Marionetten!) eröffnet er dem Gedicht eine weitere Bedeutungsdimension: Venedig als Stadt des Theaters, die Stadt als Bühne für Menschliches. Die Masken im Karneval von Venedig sind weltberühmt und bilden eine touristische Attraktion. Doch die Zeit des touristisch interessanten und belebten Venedig ist vorbei, das hat die erste Zeile schon gesagt. Der erste Teil ist der Rückschau auf dieses oberflächliche Treiben gewidmet.

„Aber“ markiert einen deutlichen Umschwung. Der zweite Teil des Textes entwirft ein anderes Bild von Venedig, das unter dem anderen, am „Grund“ (Z. 7) gelegen hat, aber nun, wenn die Touristen die Stadt verlassen haben, zum Vorschein kommt, „aufsteigt“ (Z. 8). Das „Aufsteigen“ gibt nachträglich eine Deutung für den ersten Teil. Auch dort war von „aufgetauchten Tagen“ die Rede, die ‚gefangen‘ werden. Das oberflächliche Treiben des touristisch interessanten und vermarkteten Venedig hat die Wahrnehmung der tiefer liegenden Schichten gar nicht zugelassen. Der „Grund“ (Z. 7) ist in doppelter Bedeutung zu verstehen, einerseits meint das Wort konkret den Meeresgrund, auf dem Venedig auf „alten Waldskeletten“ (Z. 7), also den Pfahlkonstruktionen, steht. Andererseits ist damit auch die historische Schicht der früheren Blütezeit des Stadtstaates Venedig gemeint („alten“). „Willen“ (Z. 8) ist der zentrale Begriff, den Rilke im zweiten Teil des Gedichtes als wesentliches Charakteristikum der alten Stadt hervorhebt. Der Wille (Rilke spricht in seinen Briefen auch von „Trotz“) des alten Venedig drückt sich verschieden aus. Die „Waldskelette“ sind ein Teil dieses Trotzes einer Stadt, die nicht auf Land, sondern ins Wasser gebaut ist. Daher treten die alten Waldskelette auch im Text als Quelle des aufsteigenden Willens auf. Der alte Wille soll etwas wieder hervorbringen, was ebenfalls den besonderen Rang der Stadt begründete: die Flotte. Die Kriegs- und Handelsflotte aus Ruder- und Segelschiffen war es, worauf Venedig vormals seine Stärke, Macht und Reichtum aufgebaut hatte. Daher beschwört der zweite Teil des Gedichtes die Vision von der wiedererstandenen Flotte, die nie ganz verschwunden war („wachen Arsenal“, Z. 10) und nur auf ihre Erweckung gewartet hat. Die Vision des Gedichtes läßt die Flotte zu altem Glanz finden.

Das Bild „um schon die nächste Morgenluft zu teeren“ (Z. 11) komprimiert die darin enthaltenen Vorstellungen, der nautische Teergeruch vermischt sich mit der Vorstellung von der Morgenluft. Das mächtige Aufbrechen der erwachten Flotte ist in den Verbformen aufgehoben. Das Partizip („ruderschlagend“, Z. 12 und „tagend“, Z. 13) stellt nicht nur in der Vorstellung die Gleichzeitigkeit der Vorgänge her, sondern drückt auch den aktiven Handlungscharakter des Verbs aus. Ein Adjektiv könnte das nicht leisten. „Tagend“ trägt in sich die Bedeutung des anbrechenden Tages wie die der Zusammenkunft der aufbrechenden Schiffe. Die Konnotationen der Worte suggerieren die Vorstellung von Glanz und Größe: „Flaggen", „groß", „strahlend und fatal". Dabei gewinnt „fatal" seine ursprüngliche Wortbedeutung wieder. Heute hat fatal meist einen pejorativen Beigeschmack und meint eine unglückliche Situation. Hier steht fatal in seiner ursprünglichen Bedeutung von schicksalhaft, welcher Schicksalhaftigkeit auch ein Stück ethische Größe anhaftet. Während der Konjunktiv in Z. 8 („sollte") sich des irrealen Charakters der Vision noch bewußt ist, schlägt die Vision am Ende in die Realität um, „hat" (Z. 14) steht im Modus Indikativ.

Rilke rühmt in seinem Venedig-Gedicht eine Bedeutungsschicht der alten Stadt, die seiner Meinung nach dem durchschnittlichen Venedig-Reisenden verborgen bleibt, weil dieser sich von der Exotik und Maskenhaftigkeit der Stadt zur Oberflächlichkeit verführen läßt. Rilke sieht in Venedig nicht die märchenhafte Kulisse für den spielerischen Unernst, sondern Venedig ist für ihn der Inbegriff des Willens und des Trotzes. Venedig gilt für ihn als Stadt, deren Menschen sich ihren Reichtum und ihre Macht durch Härte erworben haben. Mittel hierzu war auch eine Flotte, die den Gegnern im Krieg auch zum Schicksal werden konnte.

Bewundernswert, wie Rilke in diesem Gedicht mit Sprache und Form umgeht. Die konventionelle Form des Sonetts handhabt er frei. Mit dem Reimschema (abab cdcd efe ggf) und dem Rhythmus (fünfhebige Jamben mit Unregelmäßigkeiten nur an prägnanten Stellen: „Nun", „Aber") bleibt er noch nahe bei dem tradierten Modell. Doch sieht dieses Grundmodell der Sonettform nach dem zweiten Quartett eine gedankliche Zäsur vor. Rilke verlegt diese Zäsur mitten in das zweite Quartett: „Aber". Mit der Sprachführung sprengt Rilke die Zeilenkomposition, die semantischen und syntaktischen Einheiten fallen nicht mehr mit den Versen zusammen. Der zweite Teil besteht aus einem einzigen Satz, der durch Enjambements die Verszeilen überspringt und damit einen rhythmischen Fluß, einen sprachlichen Sog erzeugt, der zu dem Schluß „strahlend und fatal" hinzieht. Dieser rhythmischen Steigerung, die die inhaltliche Vorstellung vollkommen widerspiegelt, entspricht auch die sprachmelodische Gestaltung. Aus dem Wechsel zwischen hellen, mittleren und dunklen Vokalen in Verbindung mit härteren oder weicheren Konsonanten entsteht eine Art „Klangfarbenmelodie“[85]. Die bildlichen Vorstellungen des Textes werden lautlich symbolisiert. In der Zeile „kopfüber, müde, umgebracht“ findet der Tod des Sommers auf der lautlichen Ebene statt. Der Agonie der beiden gedehnten ü-Laute (retardierender Sprachfluß) setzen die harten und heftigen Verschluß- und Reibelaute in „umgebracht“ das Ende. Das Aufsteigen des Willens findet in der aufsteigenden Bewegung der Sprachmelodie seinen Ausdruck. Vom dunklen U (Grund) zum hellen I (Willen) etwas zurück zum gedämpfteren Au (auf) verläuft ein erster Melodiebogen. Der zweite setzt wieder tiefer beim offenen O (sollte) an und steigt zum ersten melodischen Höhepunkt dem langen E (Meeres und Galeeren) auf, das zweimal erscheint. Die gleiche Entwicklung vom O (verdoppeln) über A (Arsenal) zum E (teeren) wiederholt sich. Der Zielpunkt der gesamten melodischen Entwicklung ist das klare und strahlende A, das im letzten Vers nach O und I viermal auftritt, nach kurzem A in „hat“ dreimal lang „strahlend und fatal“. Das letzte A fällt auf eine betonte Silbe und das L rundet den Klang weich ab.

Rilke vertraut mit solchen Mitteln auf die sinnliche Wirkung der Sprache, die in ihrer Unmittelbarkeit der der gedanklichen Argumentation überlegen ist. In Rilkes Bildern liegt eine beziehungsreiche Vielschichtigkeit. Die Schönheit und Ausgewogenheit der rhythmischen und klanglichen Gestaltung kann der Interpret beschreiben. Beweisen und erklären kann er sie nicht. So wie Formulierungen wie „Die gläsernen Paläste klingen spröder an deinen Blick“ auch nach einer deutenden Kommentierung ihr Geheimnis weiter anhaftet, kann man die Schönheit von Sprache letztlich nur erspüren. Vermitteln kann man sie kaum, das eigentlich Ästhetische der Struktur entzieht sich der Verbalisierung. Doch an den Leser ergeht von jedem Gedicht die Herausforderung, sich für solche sinnliche Erfahrungen zu sensibilisieren.

Rilkes Roman *Die Aufzeichnungen des Malte Laurids Brigge,* der ebenfalls im ersten Jahrzehnt des 20. Jahrhunderts entstanden ist, enthält eine Passage, die der Stadt Venedig gewidmet ist. Die Hauptfigur Malte Laurids Brigge, aus deren Perspektive der Roman in Ich-Form geschrieben ist, nimmt bei einer Gesellschaft in Venedig die Menschen um sich wahr, die ihr wegen ihrer Unechtheit, Gespieltheit und Oberflächlichkeit verächtlich erscheinen. Daran schließt sich ein Abschnitt an, der vom gedanklichen Gehalt dem hier besprochenen Gedicht vollkommen entspricht. Prosa und Lyrik können so einander erhellen:

> Da stand ich nun zwischen ihnen und freute mich, daß ich nicht reiste. In kurzem würde es kalt sein. Das weiche opiatische Venedig ihrer Vorurteile und Bedürfnisse verschwindet mit diesen somnolenten Ausländern, und eines Morgens ist das andere da, das wirkliche, das wache, bis zum Zerspringen spröde, durchaus nicht erträumte: das mitten im Nichts auf versenkten Wäldern gewollte, erzwungene und endlich so durch und durch vorhandene Venedig. Der abgehärtete, auf das nötigste beschränkte Körper, durch den das nachtwache Arsenal das Blut seiner Arbeit trieb, und dieses Körpers penetranter, sich fortwährend erweiternder Geist, der stärker war als der Duft aromatischer Länder. Der suggestive Staat, der das Salz und Glas seiner Armut austauschte gegen die Schätze der Völker. Das schöne Gegengewicht der Welt, das bis in seine Zierate hinein voll latenter Energien steht, die sich immer feiner vernervten–: dieses Venedig.[86]

4.6 Zusammenfassung

Die Textauswahl und die Interpretationen eines solchen Bandes müssen zwangsläufig unvollkommen bleiben. Andere Autoren wären in der Werkauswahl ergänzend zu berücksichtigen (Morgenstern, Dauthendey). Selbst die Entwicklungen der hier vorgestellten Dichter lassen sich aus den wenigen Textbelegen nicht ablesen. Die geistigen Grundlagen der Epoche könnten an Gedichten von Nietzsche untersucht werden. Das Ganze muß lückenhaft bleiben. Doch einige Grundzüge der Epoche seien abschließend rekapituliert:

- um 1890 bestehen verschiedene literarische Strömungen, die sich auch teilweise überlagern;
- der Naturalismus geht von einem auf objektiven Gesetzen beruhenden Wahrheitsbegriff aus und glaubt im Zuge der positivistischen Tradition an die Möglichkeit der Nachahmung der Wirklichkeit (Mimesis) in der Literatur (Dehmel);

- ausgehend von einem konsequenten Naturalismus gelangt Holz zu einem literarischen Impressionismus;
- auf der Grundlage der Philosophien von Schopenhauer und Nietzsche entwickeln sich zwei entgegengesetzte Geistesströmungen: der Vitalismus und die Dekadenz;
- der Vitalismus betont die lebensbejahende, rauschhafte Komponente des Lebens und bedient sich einer der Alltagssprache entliehenen poetischen Sprache;
- auf der Grundlage des philosophischen Pessimismus betont die Dekadenz das Endzeitbewußtsein des Fin de siècle und kultiviert einen Lebensstil, der von Gleichgültigkeit, Melancholie und erhöhter Sensibilität geprägt ist;
- das Unbehagen an der Technisierung und Industrialisierung, der Verstädterung und Vermassung, der politischen und wirtschaftlichen Machtpolitik wird bei der Dekadenz im Gegensatz zum Naturalismus nicht zum Thema; die Dichter ziehen sich von der Welt zurück;
- aus der Skepsis an dem positivistischen Wahrheitsbegriff heraus adaptiert man von Frankreich und England die literarische Strömung des Symbolismus und verschreibt sich dem Konzept von einer reinen, denaturierten Poesie (l'art pour l'art);
- im Symbolismus versucht man, die irrationalen und imaginären Erfahrungen durch die Vollkommenheit der künstlerischen Gestaltung zu Symbolen der Lebenszusammenhänge zu erheben; im Gegensatz zur Klassik ist der Bedeutungsgehalt der Symbole allerdings nicht mehr klar zu umreißen;
- Kunst und Leben treten auseinander, Leben wird zum Kunstwerk;
- Kunst wird an der Stelle der Religion zu einem neuen Numinosen, der Künstler wird zum Sinnsetzer, zum Priester;
- für diese Ausdrucksintentionen kann die traditionelle Sprache nicht mehr hinreichen, die Dichter empfinden eine Sprachskepsis, eine Sprachkrise;
- aus dem Jugendstil übernimmt man die Tendenz zum Dekorativen und zum Gesamtkunstwerk (Zyklen, Druckbild).

Holz:
- „Revolution der Lyrik“: freie, behutsam rhythmisierte Sprache, Mittelachsenanordnung.

George:
- streng abgemessene, stilisierte, feierliche Sprache in reicher Lautung und gravitätischem Rhythmus, Gefahr der Eintönigkeit;
- Sprache erinnert zuweilen an die geschwungenen Linien der Jugendstil-Malerei;
- Natur als künstlich geschaffenes Objekt *(Komm in den totgesagten park)*;
- Tendenz zum Gesamtkunstwerk (Schriftbild);
- Esoterik (George-Kreis), Typus des herrscherlichen Menschen, Lebensform des Dandy.

Hofmannsthal:
- Endzeitstimmung *(Ballade des äußeren Lebens)*;
- greift mittelalterliche und barocke Formen der christlichen Religiosität auf;
- artikuliert Sprachkrise, antwortet mit Sprachmagie.

Rilke:
- Anleihen bei religiöser Metaphysik *(Stundenbuch)*;
- Bemühen, in konzentriertem Ausdruck die Sprache an Unsagbares heranzuführen;
- Neue Gedichte: Bemühen um neue Sachlichkeit; Eindringen in das Wesen der Dinge unter der Oberfläche.

Ausblick

Im Sinne Hugo Friedrichs[87] ist die Lyrik der Jahrhundertwende nicht modern, sie steht in der Tradition der Romantik. Doch hat sie wichtige Grundlagen gelegt für die moderne Lyrik des 20. Jahrhunderts. Der Expressionismus hat trotz seines widersprüchlichen Ausgangspunktes einige hier angelegte Tendenzen nur radikalisiert. Die im Symbolismus tendenziell vorhandene Dunkelheit der nicht mehr eindeutig erschließbaren Bedeutungsgehalte der poetischen Symbole bildet ein Vorstadium der hermetischen Lyrik mit ihren dunklen Bildern und Chiffren. Die um die Jahrhundertwende thematisierte Sprachkrise gilt in einem Teil der modernen Literatur bis heute als nicht überwunden. Rainer Maria Rilke hat mit seinem Spätwerk, das hier keine angemessene Berücksichtigung finden konnte, im Rahmen des Existenzialismus verbreitete Beachtung gefunden.

Unterrichtshilfen

1
Didaktische Aspekte

Die Zeit der Jahrhundertwende „ist *eine* große Epoche, die sich in der Qualität ihrer literarischen Leistungen mit der der Klassik und Romantik messen kann, in der Fülle der Talente diese übertrifft."[88] Herbert Lehnert bezieht diese Aussage auf einen umfassenderen Rahmen als den dieses Buches, er faßt die literarischen Strömungen vom Naturalismus über Jugendstil und Symbolismus bis zum Expressionismus und Dada zu einer Epoche zusammen. Dennoch bildet der in diesem Buch betrachtete Ausschnitt einen wesentlichen Teil des von Lehnert gemeinten Zeitabschnitts.

In Politik und Gesellschaft vollzogen sich um die Jahrhundertwende endgültig die Veränderungen, die durch die Industrialisierung initiiert worden waren und die das Gesicht der modernen Gesellschaft in den verschiedenen Bereichen prägt. Die Künste als Seismographen geistiger Erschütterungen vollzogen diese Wandlungen mit. Kaum einer der Umbrüche in der Kulturgeschichte war dermaßen radikal wie der Übergang ins 20. Jahrhundert. Wer die Moderne in ihren Grundlagen verstehen will, kommt an dieser Zeit der Jahrhundertwende nicht vorbei. Das Jahr 1890 jährt sich im Jahr der Niederschrift dieses Buches zum hundertsten Mal. Wir nähern uns wieder einer Jahrhundertwende. Die zurückliegende Jahrhundertwende ist vielleicht dazu angetan, das Heute näher zu beleuchten und uns auf spezifische Eigenarten unserer Zeit hinzuweisen. Das Jahr 1990 verändert die politische Welt in einem Maße, daß wir uns die Folgen noch kaum vorstellen können.

Die Literatur der letzten beiden Jahrzehnte vor 1900 hat mit zwei diametral entgegengesetzten Konzepten auf die gesellschaftlichen Bedingungen ihrer Zeit reagiert: Abwendung und Rückzug in eine eigene, antibürgerliche Kultursphäre, die die jugendliche Erneuerung betonte, und genaue und demaskierende Analyse der gesellschaftlichen Bedingungen und Gegebenheiten. Beides sind Haltungen, die für Jugendliche nachvollziehbar sind. Die in diesem Band zusammengestellten Gedichte kommen zum Teil (v.a. der Teil der ästhetizistisch geprägten Gedichte) den Jugendlichen vom Thema und von der besonderen Artung her jedoch nicht unbedingt entgegen. Ihr gedanklicher Ansatz ist teilweise schwierig nachzuvollziehen, die eigenwillige Sprache z.B. Stefan Georges entspricht kaum den Sprachgewohnheiten und -bedürfnissen Jugendlicher. Der artifizielle Charakter gerade der bedeutenden Texte setzt einige Erfahrung im Umgang mit Gedichten voraus.

In dem hier vorgeschlagenen Bedeutungszusammenhang sollten diese Gedichte keinesfalls vor Klassenstufe 12 behandelt werden. Dann kann auch die Vermittlung der besonderen ästhetischen Beschaffenheit dieser Texte als besonderes Ziel der Behandlung vielleicht annähernd erreicht werden.

2
Lernvoraussetzungen und Integration in Unterrichtsreihen

In der Klassenstufe 12 kann und muß eine grundlegende Geläufigkeit der Schüler im Umgang mit Gedichten vorausgesetzt werden (Wesen lyrischen Sprechens, formale Aspekte, Bildstrukturen). Gerade der artifizielle Charakter und die hermetische Sprachmagie setzen zum Verständnis eine grundlegende Sensibilität für feine Nuancen sprachkünstlerischer Gestaltung voraus.

Ergänzende Materialien bilden Beispiele aus der bildenden Kunst, wo mit dem Impressionismus der Weg zu einer zunehmenden Autonomisierung und Abstraktion des Kunstwerks eröffnet wurde (z. B. Manet, Monet, Degas, Renoir, Pissaro, Liebermann, Slevogt, Corinth). Das bedeutete zugleich die Strenge der formalen Komposition (Cézanne). Auch die Musik beschritt diesen Weg der Emanzipation der vormals funktional untergeordneten Parameter und Strukturen. Bereits in der Spätromantik (v. a. bei Richard Wagner) hatte sich die Ausweitung der Tonalität abgezeichnet. Debussy, Schönberg, Strawinsky, Bartók, Hindemith vollzogen endgültig die Emanzipation der Dissonanz. Schönberg und z. T. Strawinsky gingen diesen Weg am weitesten, indem sie einen einzelnen Ton als tonale Bezugsbasis einer ganzen Komposition suspendierten. Daraus erwuchs das Problem der formalen Geschlossenheit: Wie konnten ohne zentralen Ton in sich geschlossene, musikalisch-strukturelle und -semantische Einheiten erzielt werden? Eine Möglichkeit erprobte Schönberg mit seiner Technik der „Komposition mit zwölf nur aufeinander bezogenen Tönen" (‚Zwölftontechnik'). Bei Strawinsky gewann der Rhythmus an gestalthafter Bedeutung.

Im Rahmen eines kursorischen literaturgeschichtlichen Unterrichts bieten sich leicht Anknüpfungspunkte an literarische Werke anderer Gattungen, die zur Erhellung des geistesgeschichtlichen Hintergrundes beitragen können. Im Bereich der Epik sind Heinrich Manns Roman *Der Untertan* oder Arthur Schnitzlers Erzählung *Leutnant Gustl* geeignet, den gesellschaftlichen Kontext zu beleuchten. Im Bereich des Dramas leisten Wedekinds *Frühlings Erwachen* oder Schnitzlers *Liebelei* oder *Reigen* ähnliches. Die Problematik des modernen Künstlers und der modernen Künste ist in Thomas Manns Novellen *Der Tod in Venedig* und *Tonio Kröger* aufgehoben. *Der Tod in Venedig* und Thomas Manns

Roman *Buddenbrooks* lassen auch die zeittypische Thematik der Décadence erkennen.

Die synchrone Perspektive einer solchen epochenbezogenen Werkauswahl und Abhandlung stellt ihre eigenen Anforderungen. Um ein einigermaßen zutreffendes Epochenprofil zu zeichnen, müssen Texte berücksichtigt werden, die thematisch und stilistisch als repräsentativ für ihre Epoche gelten können. Für den schulischen Gebrauch empfehlen sich darüber hinaus Gedichte, die ohne größere Mühe zugänglich sind und deren literarische Qualität sie in den Rang eines „Bildungsguts" erhebt. Motivisch-thematische Gruppierungen als Kriterium der Textauswahl und der Textanordnung können Aufschluß geben über zentrale Fragestellungen der Zeit, auf die die verschiedenen Dichter unterschiedliche Antworten suchten und gaben. Die synchrone Perspektive zieht allerdings nach sich, daß die Kontraste zwischen den Texten nicht so groß sind, wie dies bei einer Textkonfrontation im Rahmen einer diachronen Perspektive der Fall wäre. Die grundsätzliche Ähnlichkeit der Texte ist aber auch ein wichtiger Zug im Porträt der Epoche.

Die Reihenfolge der motivisch-thematischen Gruppen in diesem Band versucht einen logischen Faden zu ziehen, der auch von Schülern nachvollziehbar ist. Die erste Gruppe „Gesellschaftliche Provokation" geht von politisch-sozialen und allgemein kulturellen Hintergründen der Zeit aus. „Natur" ist ein in jeder Epoche behandeltes Thema, das in diesem Fall die Abwendung von einer ursprünglichen Natur hin zu einer abgeschlossenen, künstlichen zeigt. Eine Antwort der Künstler auf ihre Enttäuschung durch die Zeiterfahrung war der Ästhetizismus, die Rolle der Kunst und des Künstlers wurde enorm aufgewertet (Gruppe 3). Über den Bereich der Kunst hinaus sollte die Kunst im Leben Aufgaben erfüllen, Kunst wird zu einem Religionsersatz (Gruppe 4). Das singuläre Gedicht von Rilke, *Spätherbst in Venedig*, kann die spezifische Sicht der Décadence um die Jahrhundertwende erhellen und darüber hinaus Bezüge zu den anderen literarischen Gattungen Roman (Rilke, *Die Aufzeichnungen des Malte Laurids Brigge*) und Novelle (Thomas Mann, *Der Tod in Venedig*) schaffen.

Methodische Anregung:

Bei der analytischen Arbeit an Gedichten kann die Projektion des Textes mit Hilfe eines Overhead-Projektors vorteilhaft sein. Die Aufmerksamkeit der gesamten Lerngruppe konzentriert sich so auf ein gemeinsames Objekt. Die Verdeutlichung von Bezügen und Strukturen in überschaubaren Texten kann durch Zeigen besser gelingen. Zudem bietet sich die Möglichkeit der farblichen Strukturierung, auch mit Hilfe von vorbereiteten Folien, die im „Sandwich"-Verfahren über den Text gelegt werden können.

Verwendete Abkürzungen:

UI, II	= Unterrichtsverlauf	LV	= Lehrervortrag
Mat.	= Materialien	UG	= Unterrichtsgespräch

3 Unterrichtssequenz

Grundkurs 12/13 (= UI) (11–12 Std. und Klausur)

Gegenstand	Wedekind: *Auf den Preuß'schen Eisenbahnen* (1 Std.)
Didaktische Aspekte	Einstieg in die Unterrichtssequenz: historischer, politischer und gesellschaftlicher Hintergrund
Unterrichtsverlauf	1. Gedichtvortrag durch den Lehrer – Eindrucksbefragung, Klärung von Fragen 2. Thema des Gedichtes: Zensur u. Untertanengeist 3. Stilmittel: Kontrafaktur und Parodie 4. Zeitgeschichtlicher Hintergrund: – Autoritärer Militärstaat (Zensur) – Imperialismus, Selbstherrlichkeit d. Kaisers – Saturiertes Bürgertum 5. Reaktion der Kunst und Literatur: – Konfrontation in der Kritik (Zeitschriften, Kabarett) – Flucht in die Esoterik (L'art pour l'art)
Methodische Anregungen/ Impulse	2' Bedeutung der Zeitung? Warum? Reaktion des Staates? Verhalten der Bevölkerung? 3' An welchen Liedtext erinnert dieser Text? 4' LV mit Einbezug des Märchens von Tucholski (Mat. 1) 5' Welche Reaktionen hierauf sind grundsätzlich denkbar? (LV und UG)
Hausaufgabe	Charakterisieren Sie den Geist der Zeit, den Robert Musil in seinem Roman *Der Mann ohne Eigenschaften* kurz skizziert. (Mat. 2)

Gegenstand	Dehmel: *Der Arbeitsmann* (1 Std.)
Didaktische Aspekte	Die soziale Frage, soziale Dichtung und Naturalismus
Unterrichtsverlauf	1. Besprechung der Hausaufgabe 2. Anknüpfung: die soziale Frage, Arbeiterbewegung (LV) 3. Gedichtvortrag durch den Lehrer, Spontanreaktionen

	4. Diskrepanz: Zufriedenheit – Zeitmangel 5. Entfremdung der Arbeiterschaft 6. Ironie des Textes 7. Funktion der Varianten in der 3. Strophe 8. Naturalismus
Methodische Anregungen/ Impulse	2' LV: Industrialisierung, gesellschaftliche Veränderungen, soziale Frage 4' Welche Güter nennt der Arbeiter als Besitz? Bewerten Sie diese als Grundlage der Zufriedenheit! 5' Was drückt sich in den Vergleichen mit der Natur aus? Welche Bedeutung gewinnt der Zeitmangel in diesem Kontext? 6' Welche rhetorische Strategie verbirgt sich hinter der vorgeblichen Zufriedenheit? 7' Wie verändert sich die Bedeutung des Refrains durch das Ausrufezeichen? 8' Schülerreferat auf der Grundlage eines Artikels aus einer Literaturgeschichte.
Hausaufgabe	Ergebnisprotokoll

Gegenstand	Holz: *Im Thiergarten* (2 Std.)
Didaktische Aspekte	Sekundenstil, Impressionismus, neue lyrische Form und Sprache
Unterrichtsverlauf	1. Besprechung der Hausaufgabe 2. Vortrag und Lektüre des Gedichttextes 3. Form: Mittelachsengedicht 4. Sprachliche Besonderheiten, behutsame Lyrisierung 5. Eindruckhaftigkeit der Bilder (Spiegelungen) 6. Verhältnis Natur – Leutnant 7. „Die Revolution der Lyrik" – Zeilenkomposition in der modernen Lyrik 8. Impressionismus
Methodische Anregungen/ Impulse	3' Welche Besonderheit in der äußeren Gestalt fällt bei dem Gedicht auf? 4' Untersuchen Sie den Rhythmus und die Bilder des Gedichtes im Vergleich mit der Alltagssprache (arbeitsgleiche Stillarbeit) 5' Beschreiben Sie die Atmosphäre in dem Gedicht. Analysieren Sie das Spiegelungs-Bild. 6' Farben im Gedicht? Interpretieren Sie die Bedeutung des Leutnants hinsichtlich der Farben.

	7' Schülerreferat (Arno Holz: *Die Revolution der Lyrik,* Mat. 3; größerer Auszug in: *Theorie des Naturalismus*), Ergänzung im LV. 8' LV und eventuell Schülerreferate zu Impressionismus in der bildenden Kunst, Besprechung von Bildmaterial von Manet, Monet, Degas u. a.
Hausaufgabe	1. Analysieren Sie das Verhältnis Ich – Natur in Holz' Gedicht *Im Thiergarten.* 2. Setzen Sie die sprachlichen und formalen Besonderheiten in Beziehung zu Holz' theoretischen Äußerungen.

Gegenstand	George: *Der herr der insel* (2 Std.)
Didaktische Aspekte	Dichter in der gesellschaftlichen Isolation und Herrscher in ästhetischem Reich, literarische Esoterik
Unterrichts-verlauf	1. Besprechung der Hausaufgabe 2. Gedichtvortrag (Lehrer!) 3. Bild des Vogels, Gewohnheiten des Vogels 4. Bild von der Insel 5. Gründe für den Tod des Vogels 6. Der Vogel als Symbol des Dichters 7. Sprache und formale Gestaltung 8. Georges Poetik
Methodische Anregungen/ Impulse	3' Wie wird das Aussehen und das Verhalten des Vogels beschrieben? Welchen Eindruck gewinnt der Leser? 4' Welche Beschreibung der Insel gibt das Gedicht? Beurteilen Sie dieses Bild von der Insel. 5' Begründen Sie den Tod des Vogels. Wie wird sein Tod dargestellt? 6' Symbolische Bedeutung des Vogels? 7' Charakterisieren Sie die Atmosphäre des Gedichtes. Stillarbeit (arbeitsteilig): – Untersuchen und charakterisieren Sie die Bilder, Vergleiche, Metaphern und die Wortwahl, – Untersuchen Sie die rhythmische und lautliche Gestaltung des Gedichtes. 8' LV: Anknüpfung an die 1. Stunde der Sequenz (gesellschaftlicher Hintergrund): Äußerungen Georges in den *Blaettern für die Kunst,* Einbezug des Gedichtes *Des sehers wort ...* (Mat. 4)
Hausaufgabe	Vergleichen Sie das Bild und die Bedeutung des Vogels in Georges Gedicht *Der herr der insel* mit dem des Albatros in Baudelaires gleichnamigen Gedicht. (s. S. 77)

Gegenstand	Hofmannsthal: *Ballade des äußeren Lebens* (2 Std.)
Didaktische Aspekte	Sprachkrise und Sprachmagie bei Hofmannsthal
Unterrichtsverlauf	1. Besprechung der Hausaufgabe 2. Gedichtvortrag 3. Bilder der Vergänglichkeit, Funktion der polysyndetischen Reihung 4. Fragen als Feststellung der Sinnlosigkeit 5. Bedeutung von „Abend", Honig-Waben-Vergleich 6. Mystizismus und Symbolismus 7. Sprachkrise der Moderne
Methodische Anregungen/ Impulse	3' Formale Gliederung des Textes? Bedeutung der Bilder im 1. Abschnitt? Wirkung der „und"-Reihung? 4' Beziehung der Fragen zum 1. Teil? Welche Antwort erwartet man auf die Fragen? 5' Deuten Sie den Vergleich Honig – Waben! Beurteilen Sie das Wort „Abend" in diesem Zusammenhang. In welcher Bedeutung ist Ihnen das Wort in anderen Gedichten schon begegnet? 6' Nehmen Sie Stellung zu der Aussage des Gedichtes, daß „Abend" viel bedeute. LV: Hofmannsthals Auslegung des Begriffs Symbol, Textbeispiel: *Gespräch über Gedichte* 7' Schülerreferat: *Chandos-Brief* (Mat. 5)
Hausaufgabe	Ergebnisprotokoll

Gegenstand	Rilke: *Archaischer Torso Apollos* (2 Std.)
Didaktische Aspekte	Rilkes Begriff vom Übersteigen, Ding- oder Kunstgedicht
Unterrichtsverlauf	1. Besprechung der Hausaufgabe 2. Vortrag des Gedichtes 3. Beschreibung des Torsos 4. Sehen des Nicht-Sichtbaren 5. Verhältnis Oberfläche – Inneres 6. Bezug Torso – Betrachter, Bedeutung des Schlußsatzes 7. Apoll als Gott der Dichtkunst 8. Sprachliche Analyse: – Aufbau: nicht – sonst – sonst – dunkle Bilder: „Lächeln" 9. Rilkes Rodin-Erlebnis

Methodische Anregungen/ Impulse	3' Welche realen Elemente des Torsos teilt das Gedicht dem Leser mit? 4' Welcher ist der eigentliche Gegenstand der Beschreibung? Was insbesondere von dem nicht mehr Vorhandenen drückt sich noch in der Plastik aus? 5' Welche Bedeutung hat die Oberfläche des Geschehens? 6' Welche Rolle spielt der Betrachter in dem Gedicht? Welche Bedeutung gewinnt der Torso für ihn? Aus welchem Grund muß der Betrachter sein Leben ändern? 7' Kurzreferat: der antike Apoll-Mythos 8' Analysieren Sie den gedanklichen Aufbau des Gedichtes. Geben Sie die Bedeutung von „Lächeln" mit ihren Worten wieder. 9' Referat: Rilke bei Rodin. Das Dinggedicht. Material: Auszug aus einer Biographie und einer Literaturgeschichte.
Hausaufgabe	Fassen Sie Rilkes Konzept einer neuen Dichtung kurz zusammen. Alternativ: Untersuchen Sie die Auffassungen Georges, Rilkes und Hofmannsthals hinsichtlich Gemeinsamkeiten

Gegenstand	Rilke: *Herbsttag* (1 Std.)
Didaktische Aspekte	‚Religiöses' Sprechen in der Lyrik
Unterrichtsverlauf	1. Besprechung der Hausaufgaben 2. Gedichtvortrag 3. Vollendung der Natur 4. Einsamkeit des Menschen 5. Sprechhaltung des Gebets 6. Bedeutung Gottes in Rilkes Gedichten
Methodische Anregungen/ Impulse	2' eventuell durch Schüler 3' Bild von der Natur? 4' Bedeutung des Herbstes für den Menschen? Bedeutung der Überschrift? 5' Warum wählt Rilke die Form eines Gebets? 6' LV: Lyrik als Ersatz für Religion. Textverweis: Stundenbuch. Biographischer Hintergrund: Rußlandreise
Hausaufgabe	Vergleich mit George: *Komm in den totgesagten park.* – Bild des Herbstes in den beiden Gedichten – Bedeutung des Herbstes bei George

Gegenstand	Zusammenfassende Abschlußbesprechung: Die Zeit der Jahrhundertwende als literarische Epoche
Didaktische Aspekte	Stilpluralismus, Tradition, Romantik, Ausblick: Moderne
Unterrichtsverlauf	1. Besprechung der Hausaufgabe 2. Begriffe Naturalismus, Jugendstil, Impressionismus, Symbolismus 3. Tradition der Lyrik seit der Romantik, europäische Entwicklung 4. Bedeutung der Epoche für die moderne Lyrik
Methodische Hilfen/ Impulse	2' Unterrichtsgespräch, Zusammenfassung der Erkenntnisse aus den Interpretationen 3' LV, Beispieltexte aus der Romantik 4' LV, Beispieltexte z. B. von Trakl, Benn, Celan, Krolow

Leistungskurs (= UII) (16–18 Std.)

Gegenstand	Wedekind: *Auf den Preuß'schen Eisenbahnen* (1 Std.)
Didaktische Aspekte	s. UI
Unterrichtsverlauf	s. UI
Methodische Anregungen/ Impulse	s. UI
Hausaufgabe	Fassen Sie die politischen und gesellschaftlichen Hintergründe der Zeit der Jahrhundertwende kurz zusammen.

Gegenstand	Dehmel: *Bekenntnis* (1 Std.)
Didaktische Aspekte	Lebensrausch, Jugendkult, Lebensreform
Unterrichtsverlauf	1. Besprechung der Hausaufgabe 2. Gedichtvortrag 3. Thema: Bekenntnis zur Lust 4. Lust als Lebensprinzip 5. Religionskritik 6. Geistiges Klima

Methodische Anregungen/ Impulse	3' Bestimmen Sie das Thema des Gedichtes. 4' Welche Begründung für seine Hinwendung zur Lust gibt das Ich an? 5' Wie wird die Religion beurteilt? Inwiefern enthält der Titel des Gedichtes einen religiösen Bezug? 6' Lehrervortrag.
Hausaufgabe	s. UI: Text von Musil.

Gegenstand	Dehmel: *Der Arbeitsmann* (1 Std.) wie UI

Gegenstand	Holz: *Im Thiergarten* (1 Std.) wie UI

Gegenstand	George: *Der herr der insel* (2 Std.) wie UI

Gegenstand	Hofmannsthal: *Ballade des äußeren Lebens* (2 Std.) wie UI

Gegenstand	Rilke: *Archaischer Torso Apollos* (2 Std.) wie UI

Gegenstand	Hofmannsthal: *Manche freilich ... (1 Std.)*
Didaktische Aspekte	Monistisches Verwobensein, Hofmannsthals Begriff der Praeexistenz
Unterrichts-verlauf	1. Besprechung der Hausaufgabe 2. Gedichtvortrag, Worterklärung: Sibyllen 3. Dialektische Struktur: manche – andere, unten – oben 4. Bild des Schiffes 5. Verknüpfung der beiden Gruppen 6. Universale Verwobenheit: Vorzeit – Kosmos 7. Transzendenz des Ich, Begriff der Praeexistenz
Methodische Anregungen/ Impulse	3' Welche Personengruppen nennt das Gedicht? In welchem Verhältnis stehen diese zueinander? 4' Übertragene Bedeutung von Schiff? 5' Auf welche Weise sind die beiden Gruppen verknüpft?

	6' Mit welchen Dimensionen fühlt sich das Ich verknüpft? 7' Deuten Sie die Bilder Flamme, Leier. Welche Bedeutung mißt das Ich der eigenen Existenz zu?
Hausaufgabe	Zusammenfassung der Gesamtinterpretation

Gegenstand	George: *Gemahnt dich noch das schöne bildnis* (1 Std.)
Didaktische Aspekte	Ästhetisierung der Natur, Georges Maximin-Kult
Unterrichts-verlauf	1. Besprechung der Hausaufgabe 2. Vortrag des Gedichtes, Worterklärung: „seim" 3. Gegensatz: wilde Natur – Park 4. Spiel als zweckfreie Tätigkeit 5. Schlußbild: erfüllter Augenblick 6. Simultanität von Vergangenheit und Gegenwart 7. Sprache und Bilder 8. Georges Maximin-Kult
Methodische Anregungen/ Impulse	3' Nehmen Sie eine gedankliche Gliederung vor. In welchen Ausprägungen erscheint Natur? 4' Welcher Art ist die Betätigung des Knaben? 5' Bedeutung der Figur des Knaben? Bedeutung der Zuwendung des Schwans? 6' Analysieren Sie die Zeitstruktur. Auf welchen Zeitebenen bewegt sich das Gedicht? 7' Beschreiben Sie die Wirkung von Wortwahl, Lauten und Rhythmus. 8' LV: Biographischer Hintergrund Georges Bekanntschaft mit Maximilian Kronberger, dessen Apotheose, Bewertung dieses Verhaltens
Hausaufgabe	Ergebnisprotokoll

Gegenstand	Rilke: *Herbsttag* (1 Std.) wie UI

Gegenstand	Rilke: *Spätherbst in Venedig* (1 Std.)
Didaktische Aspekte	Herbst als Befreiung, Imagination des Eigentlichen
Unterrichts-verlauf	1. Besprechung der Hausaufgabe 2. Assoziationen zu Venedig 3. Gedichtvortrag 4. Herbst als Nicht-mehr

	5. Vision der ‚künftigen Vergangenheit' 6. Herbst als Befreiung vom Tourismus, Erlebnis des Wesentlichen 7. Sprachanalyse: „Klangfarbenmelodie"
Methodische Anregungen/ Impulse	2' Welche Vorstellungen verbinden Sie mit dem Begriff Venedig? 4' Welche Zeitangaben finden sich in der ersten Zeile? Übertragen Sie das Nicht-mehr auf die folgenden Bilder. 5' In welchem Verhältnis stehen die Bilder des 2. Teils zu denen des 1. Teils? Welche Zeitebene beschwört der 2. Teil? Auf welche Zeitebene wird die darin enthaltene Vorstellung versetzt? 6' Bedeutung der Vision? Worin besteht der Gegensatz zum 1. Teil? Bedeutung von „Köder"? 7' Erfahrung der Klangfarbenmelodie durch Ersetzungsübungen
Hausaufgabe	Vergleichen Sie die Aussagen des Auszugs aus dem Roman *Die Aufzeichnungen des Malte Laurids Brigge* mit denen des Gedichts.

Gegenstand	Zusammenfassende Abschlußbesprechung: Die Zeit der Jahrhundertwende als literarische Epoche (1 Std.), s. UI

4 Klausurvorschläge

Zu UI:

1. Analysieren und interpretieren Sie das Gedicht von Stefan George *Du wirst nicht mehr die lauten fahrten preisen* (Mat. 6).
   1. Bedeutung der „lauten fahrten" und der „einfachen gefilde".
   2. Bedeutung von „geheimnis ewiger runen", „halden strenger linienkunst" und „mauermeeres zauberdunst".
   3. Ziehen Sie eine Verbindung von „Wunder der lagunen" und „trümmergrosse Rom" zu anderen Bildern des Fin de siècle.
   4. Funktion der Kunst im Gedicht
   5. Sprachliche und rhythmische Analyse.

2. Analysieren und interpretieren Sie das Gedicht von Rainer Maria Rilke *Blaue Hortensie* (Mat. 7).
   1. Bezug Pflanze – Mensch
   2. Bedeutung der letzten Strophe

   3. Formale und sprachliche Analyse (Bilder, Vergleiche)
   4. Ziehen Sie Parallelen zu Rilkes Gedicht *Der Panther.*

3. Analysieren und interpretieren Sie das Gedicht von Stefan George *Wir schreiten auf und ab* (Mat. 8).
   1. Bilder der Natur
   2. Verhältnis des Sprechers zur Natur
   3. Bedeutung von „strahlenspuren"
   4. Sprachliche und rhythmische Analyse
   5. Parallelen zu Georges Gedicht *Komm in den totgesagten park.*

Zu UII:

1. Analysieren und interpretieren Sie das Gedicht von Rainer Maria Rilke *Die Flamingos* (Mat. 9).
   Erläuterungen hierzu:
   Fragonard: frz. Maler (1732–1806), Schüler von F. Boucher, besondere Hell-Dunkel-Effekte
   Phryne: griech. Hetäre, weg. Schönheit berühmt, auch als Modell des griech. Bildhauers Praxiteles
   1. Bild des Spiegels, Ichbezug der Vögel
   2. Bedeutung von „ins Imaginäre"
   3. Formale und sprachliche Elemente und ihre Funktion (Bilder, Vergleiche, Klanggestalt).

2. Analysieren und interpretieren Sie das Gedicht von Hugo von Hofmannsthal *Terzinen I. Über Vergänglichkeit* (Mat. 10).
   1. Beschreiben Sie die Erfahrung der Vergänglichkeit, die das lyrische Ich in diesem Gedicht macht.
   2. Untersuchen Sie die Funktion und Bedeutung von „Hund" und „Haar".
   3. Interpretieren Sie die formale Gestaltung des Gedichtes.
   4. Interpretieren Sie das Gedicht vor dem Hintergrund von Hofmannsthals Weltbild.

3. Analysieren und interpretieren Sie das Gedicht von Stefan George *Des sehers wort* (Mat. 11)
   1. Bedeutung des „sehers".
   2. Bedeutung des ‚eigne namen'-Erfindens.
   3. Interpretation des Gedichtes vor dem Hintergrund von Georges Weltanschauung und Poetik.
   4. Formale und sprachliche Analyse unter besonderer Berücksichtigung der für George typischen Eigenheiten.

5
Materialien

:. 1 Kurt Tucholsky: *„Märchen"*

Es war einmal ein Kaiser, der über ein unermeßlich großes, reiches und schönes Land herrschte. Und er besaß wie jeder andere Kaiser auch eine Schatzkammer, in der inmitten all der glänzenden und glitzernden Juwelen auch eine Flöte lag. Das war aber ein merkwürdiges Instrument. Wenn man nämlich durch eins der vier Löcher in die Flöte hineinsah – oh! was gab es da alles zu sehen! Da war eine Landschaft darin, klein, aber voll Leben: Eine Thomasche Landschaft mit Böcklinschen Wolken und Leistikowschen Seen. Reznicueksche Dämchen rümpften die Nase über Zillesche Gestalten und eine Bauerndirne Meuniers trug einen Arm voll Blumen Orliks – kurz, die ganze moderne Richtung war in der Flöte.
Und was machte der Kaiser damit? Er pfiff darauf.

(Zitiert nach: Herbert Lehnert: Geschichte der deutschen Literatur vom Jugendstil zum Expressionismus)

. 2 Robert Musil: *„Der Mann ohne Eigenschaften"*

Aus dem ölglatten Geist der zwei letzten Jahrzehnte des neunzehnten Jahrhunderts hatte sich plötzlich in ganz Europa ein beflügelndes Fieber erhoben. Niemand wußte genau, was im Werden war; niemand vermochte zu sagen, ob es eine neue Kunst, ein neuer Mensch, eine neue Moral oder vielleicht eine Umschichtung der Gesellschaft sein solle. Darum sagte jeder davon, was ihm paßte. Aber überall standen Menschen auf, um gegen das Alte zu kämpfen. Allenthalben war plötzlich der rechte Mann zur Stelle; und was so wichtig ist, Männer mit praktischer Unternehmungslust fanden sich mit den geistig Unternehmenslustigen zusammen. Es entwickelten sich Begabungen, die früher erstickt worden waren oder am öffentlichen Leben gar nicht teilgenommen hatten. Sie waren so verschieden wie nur möglich, und die Gegensätze ihrer Ziele waren unübertrefflich. Es wurde der Übermensch geliebt, und es wurde der Untermensch geliebt; es wurden die Gesundheit und die Sonne angebetet, und es wurde die Zärtlichkeit brustkranker Mädchen angebetet; man begeisterte sich für das Heldenglaubensbekenntnis und für das soziale Allemannsglaubensbekenntnis; man war gläubig und skeptisch, naturalistisch und preziös, robust und morbid; man träumte von alten Schloßalleen, herbstlichen Gärten, gläsernen Weihern, Edelsteinen, Haschisch, Krankheit, Dämonien, aber auch von Prärien, gewaltigen Horizonten, von Schmiede- und Walzwerken, nackten Kämpfern, Aufständen der Arbeitssklaven, menschlichen Urpaaren und Zertrümmerung der Gesellschaft. Dies waren freilich Widersprüche und höchst verschiedene Schlachtrufe, aber sie hatten einen gemeinsamen Atem; würde man jene Zeit zerlegt haben, so würde ein Unsinn herausgekommen sein, wie ein eckiger Kreis, der aus hölzernem Eisen bestehen will, aber in Wirklichkeit war alles zu einem schimmernden Sinn verschmolzen. Diese Illusion, die ihre Verkörperung in dem magischen Datum der Jahrhundertwende fand, war so stark, daß sich die einen begeistert auf das neue, noch unbenützte Jahrhundert stürzten, indes die anderen sich noch schnell im alten wie in einem Hause gehen ließen, aus dem man ohnehin auszieht, ohne daß sie diese beiden Verhaltensweisen als sehr unterschiedlich gefühlt hätten.

(Robert Musil: „Der Mann ohne Eigenschaften". Hamburg 1952, S. 55)

Mat. 3 Arno Holz: *„Die Revolution der Lyrik"*

[...] Aus dieser Definition, deren Fassung ich preisgebe, ergibt sich zwingend die neue: eine Lyrik, die auf jede Musik durch Worte als Selbstzweck verzichtet und die, rein formal, lediglich durch den Rhythmus getragen wird, der nur noch durch das lebt, was durch ihn zum Ausdruck ringt.
[...]
Ähnlich die Strophe. Wie viele prachtvollste Wirkungen haben nicht ungezählte Poeten jahrhundertelang mit ihr erzielt! Wir alle, wenn wir besseres nicht zu tun wissen und alte Erinnerungen locken, wiegen uns noch in ihr. Aber ebensowenig wie die Bedingungen stets dieselben bleiben, unter denen Kunstwerke geschaffen werden, genauso ändern sich auch fortwährend die Bedingungen, unter denen Kunstwerke genossen werden. Unser Ohr hört heute feiner. Durch jede Strophe, auch durch die schönste, klingt, sobald sie wiederholt wird, ein geheimer Leierkasten. Und gerade dieser Leierkasten ist es, der endlich raus muß aus unserer Lyrik. Was im Anfang Hohes Lied war, ist dadurch, daß es immer wiederholt wurde, heute Bänkelsängerei geworden!
[...]
Als formal letztes in jeder Lyrik, das überhaupt uneliminierbar ist, bleibt für alle Ewigkeit der Rhythmus. Reim, Strophe, Parallelismus, Alliteration und Assonanz – man könnte noch beliebig fortfahren – waren nur akzessorisch und mußten daher mit der Zeit als ‚Systeme' notgedrungen abwirtschaften. Er allein ist unausschöpfbar. Nutzanwendung? Verballhorne ihn nicht! Drücke aus, was du empfindest, und du hast ihn. Du greifst ihn, wenn du die Dinge greifst. Er ist allen immanent. Auf alles übrige verzichte!
[...]
Ich schreibe als Prosaiker einen ausgezeichneten Satz nieder, wenn ich schreibe: „Der Mond steigt hinter blühenden Apfelbaumzweigen auf." Aber ich würde über ihn stolpern, wenn man ihn mir für den Anfang eine Gedichts ausgäbe. Er wird zu einem solchen erst, wenn ich ihn forme: „Hinter blühenden Apfelbaumzweigen steigt der Mond auf." Der erste Satz referiert nur, der zweite stellt dar. Erst jetzt, fühle ich, ist der Klang eins mit dem Inhalt. Und um diese Einheit deutlich auch nach außen zu geben, schreibe ich:

Hinter blühenden Apfelbaumzweigen
steigt der Mond auf.

Das ist meine ganze ‚Revolution der Lyrik'. Sie genügt, um ihr einen neuen Kurs zu geben. Ungefähr wie die Umkehr „Die Erde dreht sich um die Sonne und nicht die Sonne um die Erde" genügt hatte, uns in eine neue Weltanschauung zu zwingen.
[...]

(Arno Holz: „Die Revolution der Lyrik". In: Theorie des Naturalismus, S. 214–224)

4 Stefan George: *„Blaetter für die Kunst"*

[...]
In der kunst glauben wir an eine glänzende wiedergeburt.
[...]
Wir wollen keine erfindung von geschichten sondern wiedergabe von stimmungen keine betrachtungen sondern darstellung keine unterhaltung sondern eindruck.
[...]
Das Gedicht ist zum höchsten geistigen genusse da. eine zweckdichtung gibt es so wenig wie ein zweck-gemälde oder ein zweck-tonstück. Gedicht ist nicht wiedergabe eines gedankens sondern einer stimmung. zum ersteren genügt das gewöhnliche wort zum zweiten bedürfen wir noch auswahl klang maass und reim.
[...]
Kunstwert besitzt die arbeit die menschen oder dingen irgendeine neue unbekannte seite abzugewinnen und als möglich darzustellen weiss.
[...]
Reim ist ein teuer erkauftes spiel. hat ein künstler einmal zwei reimworte miteinander gereimt so ist eigentlich das spiel für ihn verbraucht und er soll es nie oder selten wiederholen.
[...]
Einfach liegt was wir teils erstrebt teils verewigten: eine kunst frei von jedem dienst: über dem leben nachdem sie das leben durchdrungen hat
[...]
Die einen zu uns: Eure haltung ist uns denn doch zu kalt und ruhig und zu wenig der jugend angemessen. Wir zu ihnen: Seid ihr noch nicht von dem gedanken überfallen worden dass in diesen glatten und zarten seiten vielleicht mehr aufruhr enthalten ist als in all euren donnernden und zerstörenden kampfreden?

(Stefan George: „Blaetter für die Kunst". Einleitungen und Merksprüche. In: Theorie des literarischen Jugendstils, S. 121–127)

5 Hugo von Hofmannsthal: *„Ein Brief"*

Es ist gütig von Ihnen, mein hochverehrter Freund, mein zweijähriges Stillschweigen zu übersehen und so an mich zu schreiben. Es ist mehr als gütig, Ihrer Besorgnis um mich, Ihrer Befremdung über die geistige Starrnis, in der ich Ihnen zu versinken scheine, den Ausdruck der Leichtigkeit und des Schmerzes zu geben, den nur große Menschen, die von der Gefährlichkeit des Lebens durchdrungen sind, in ihrer Gewalt haben.
[...]
Mein Fall ist, in Kürze, dieser: Es ist mir völlig die Fähigkeit abhanden gekommen, über irgend etwas zusammenhängend zu denken oder zu sprechen. Zuerst wurde es mir allmählich unmöglich, ein höheres oder allgemeineres Thema zu besprechen und dabei jene Worte in den Mund zu nehmen, deren sich doch alle Menschen ohne Bedenken geläufig zu bedienen pflegen. Ich empfand ein unerklärliches Unbehagen, die Worte „Geist", „Seele" oder „Körper" nur auszusprechen. Ich fand es innerlich unmöglich, über die Angelegenheiten des Hofes, die Vorkommnisse im Parlament, oder was Sie sonst noch wollen, ein Urteil heraus-

zubringen. Und dies nicht etwa aus Rücksichten irgendwelcher Art, denn Sie kennen meinen bis zur Leichtigkeit gehenden Freimut: sondern die abstrakten Worte, deren sich doch die Zunge naturgemäß bedienen muß, um irgendwelches Urteil an den Tag zu geben, zerfielen mir im Munde wie modrige Pilze. Es begegnete mir, daß ich meiner vierjährigen Tochter Katharina Pompilia eine kindische Lüge, deren sie sich schuldig gemacht hatte, verweisen und sie auf die Notwendigkeit, immer wahr zu sein, hinführen wollte, und dabei die mir im Munde zuströmenden Begriffe plötzlich eine solche schillernde Färbung annahmen und so ineinander überflossen, daß ich den Satz so gut es ging, zu Ende haspelnd, so wie wenn mir unwohl geworden wäre und auch tatsächlich bleich und mit heftigem Druck auf der Stirn, das Kind allein ließ, die Tür hinter mir zuschlug und mich zuerst zu Pferde, auf der einsamen Hufweide einen guten Galopp nehmend, wieder einigermaßen herstellte.

[...]

Mein Geist zwang mich, alle Dinge, die in einem solchen Gespräche vorkamen, in einer unheimlichen Nähe zu sehen: so wie ich einmal in einem Vergrößerungsglas ein Stück von der Haut meines kleinen Fingers gesehen hatte, das einem Blachfeld mit Furchen und Höhlen glich, so ging es mir nun mit den Menschen und ihren Handlungen. Es gelang mir nicht mehr, sie mit dem vereinfachenden Blick der Gewohnheiten zu erfassen. Es zerfiel mir alles in Teile, die Teile wieder in Teile und nichts mehr ließ sich mit einem Begriff umspannen. Die einzelnen Worte schwammen um mich; sie gerannen zu Augen, die mich anstarrten und in die ich wieder hineinstarren muß: Wirbel sind sie, in die hinabzusehen mich schwindelt, die sich unaufhaltsam drehen und durch die man ins Leere kommt.

[...]

Seither führe ich ein Dasein, das Sie, fürchte ich, kaum begreifen können, so geistlos, so gedankenlos fließt es dahin; ein Dasein, das sich freilich von dem meiner Nachbarn, meiner Verwandten und der meisten landbesitzenden Edelleute dieses Königreiches kaum unterscheidet und das nicht ganz ohne freudige und belebende Augenblicke ist. Es wird mir nicht leicht, Ihnen anzudeuten, worin diese guten Augenblicke bestehen; die Worte lassen mich wiederum im Stich. Denn es ist ja etwas völlig Unbekanntes und kaum wohl Benennbares, das in solchen Augenblicken, irgendeine Entscheidung meiner alltäglichen Umgebung mit einer überschwellenden Flut höheren Lebens wie ein Gefäß erfüllend, mir sich ankündigt. Ich kann nicht erwarten, daß Sie mich ohne Beispiel verstehen, und ich muß Sie um Nachsicht für die Albernheit meiner Beispiele bitten. Eine Gießkanne, eine auf dem Felde verlassene Egge, ein Hund in der Sonne, ein ärmlicher Kirchhof, ein Krüppel, ein kleines Bauernhaus, alles dies kann das Gefäß meiner Offenbarung werden. Jeder dieser Gegenstände und die tausend anderen ähnlichen, über die sonst ein Auge mit selbstverständlicher Gleichgültigkeit hinweggleitet, kann für mich plötzlich in irgendeinem Moment, den herbeizuführen auf keine Weise in meiner Gewalt steht, ein erhabenes und rührendes Gepräge annehmen, das auszudrücken mir alle Worte zu arm scheinen. Ja, es kann auch die bestimmte Vorstellung eines abwesenden Gegenstandes sein, dem die unbegreifliche Auserwählung zuteil wird, mit jener sanft und jäh steigenden Flut göttlichen Gefühles bis an den Rand gefüllt zu werden.

[...]

Von diesen sonderbaren Zufällen abgesehen, von denen ich übrigens kaum weiß, ob ich sie dem Geist oder dem Körper zurechnen soll, lebe ich ein Leben von kaum glaublicher Leere und habe Mühe, die Starre meines Innern vor meiner Frau und vor meinen Leuten die Gleichgültigkeit zu verbergen, welche mir die Angelegenheit des Besitzes einflößen.
[...]

(Hugo von Hofmannsthal: „Ein Brief". In: Gesammelte Werke in zehn Einzelbänden. Bd. VII. Erzählungen, Erfundene Gespräche und Briefe, Reisen. Hrsg. v. B. Schoeller. Frankfurt/Main: Fischer 1980)

6 Stefan George: *„Du wirst nicht mehr die lauten fahrten preisen"*

Du wirst nicht mehr die lauten fahrten preisen
Wo falsche flut gefährlich dich umstürmt
Und wo der abgrund schroffe felsen türmt
Und deren spitzen himmels adler kreisen.

In diesen einfachen gefilden lern
Den hauch der den zu kühlen frühling lindert
Und den begreifen der die schwüle mindert
Und ihrem kindesstammeln horche gern!

Du findest das geheimnis ewiger runen
In dieser halden strenger linienkunst
Nicht nur in mauermeeres zauberdunst.
›Schon lockt nicht mehr das Wunder der lagunen

Das allumworbne trümmergrosse Rom
Wie herber eichen duft und rebenblüten
Wie sie die Deines volkes hort behüten –
Wie Deine wogen – lebengrüner Strom!‹

7 Rainer Maria Rilke: *„Blaue Hortensie"*

So wie das letzte Grün in Farbentiegeln
sind diese Blätter, trocken, stumpf und rauh,
hinter den Blütendolden, die ein Blau
nicht auf sich tragen, nur von Ferne spiegeln.

Sie spiegeln es verweint und ungenau,
als wollten sie es wiederum verlieren,
und wie in alten blauen Briefpapieren
ist Gelb in ihnen, Violett und Grau;

Verwaschnes wie an einer Kinderschürze,
Nichtmehrgetragne, dem nichts mehr geschieht:
wie fühlt man eines kleinen Lebens Kürze.

Doch scheint das Blau sich zu verneuen
in einer von den Dolden, und man sieht
ein rührend Blaues sich vor Grünem freuen.

Mat. 8 Stefan George: *„Wir schreiten auf und ab"*

Wir schreiten auf und ab im reichen flitter
Des buchenganges beinah bis zum tore
Und sehen aussen in dem feld vom gitter
Den mandelbaum zum zweitenmal im flore.

Wir suchen nach den schattenfreien bänken
Dort wo uns niemals fremde stimmen scheuchten
In träumen unsre arme sich verschränken
Wir laben uns am langen milden leuchten

Wir fühlen dankbar wie zu leisem brausen
Von wipfeln strahlenspuren auf uns tropfen
Und blicken nur und horchen wenn in pausen
Die reifen früchte an den boden klopfen.

Mat. 9 Rainer Maria Rilke: *„Die Flamingos"*

Jardin des Plantes, Paris

In Spiegelbildern wie von Fragonard
ist doch von ihrem Weiß und ihrer Röte
nicht mehr gegeben, als dir einer böte
wenn er von seiner Freundin sagt: sie

war noch sanft von Schlaf. Dann steigen sie ins Grüne
und stehn, auf rosa Stielen leicht gedreht,
beisammen, blühend, wie in einem Beet,
verführen sie verführender als Phryne

sich selber; bis sie ihres Auges Bleiche
hinhalsend bergen in der eigenen Weiche
in welcher Schwarz und Fruchtrot sich versteckt.

Auf einmal kreischt ein Neid durch die Volière;
sie aber haben sich erstaunt gestreckt
und schreiten einzeln ins Imaginäre.

Mat. 10 Hugo von Hofmannsthal: *„Terzinen* I. *Über Vergänglichkeit"*

Noch spür ich ihren Atem auf den Wangen:
Wie kann das sein, daß diese nahen Tage
Fort sind, für immer fort, und ganz vergangen?

Dies ist ein Ding, das keiner voll aussinnt,
Und viel zu grauenvoll, als daß man klage:
Daß alles gleitet und vorüberrinnt.

Und daß mein eignes Ich, durch nichts gehemmt,
Herüberglitt aus einem kleinen Kind
Mir wie ein Hund unheimlich stumm und fremd.

Dann: daß ich auch vor hundert Jahren war
Und meine Ahnen, die im Totenhemd,
Mit mir verwandt sind wie mein eignes Haar.

So eins mit mir als wie mein eignes Haar.

11 Stefan George: *„Des sehers wort“*

Des sehers wort ist wenigen gemeinsam:
Schon als die ersten kühnen wünsche kamen
In einem seltnen reiche ernst und einsam
Erfand er für die dinge eigne namen –

DIE hier erdonnerten von ungeheuern
Befehlen oder lispelten wie bitten ·
DIE wie Paktolen in rubinenfeuern
Und bald wie linde frühlingsbäche glitten ·

An deren kraft und klang er sich ergezte ·
Sie waren wenn er sich im höchsten schwunge
Der welt entfliehend unter träume sezte
Des tempels Saitenspiel und heilge zunge.

Nur sie – und nicht der sanften lehre lallen ·
Das mütterliche – hat er sich erlesen
Als er im rausch von mai und nachtigallen
Sann über erster sehnsucht fabelwesen ·

Als er zum lenker seiner lebensfrühe
Im beten rief ob die verheissung löge ..
Erflehend dass aus zagen busens mühe
Das denkbild sich zur sonne heben möge.

Anhang

Anmerkungen

[1] Link (1977), S. 234–256.
[2] Rilke (1955ff.), Bd. I, 1 (1980), S. 12.
[3] Bei den Römern war der Gott Janus der Beschützer der Stadttore, im Mittelalter wurde er allgemein zum Symbol für den Ein- und Ausgang. Seit der Antike wurde er doppelgesichtig, mit zwei voneinander abgewandten, am Hinterkopf zusammengewachsenen Gesichtern, dargestellt. Der Monat „Januar" ist nach ihm benannt.
[4] Max Weber (1864–1920), dt. Sozialökonom, Wirtschaftshistoriker und Soziologe, Mitbegründer der dt. Soziologie; Zitat aus: Wissenschaft als Beruf (1919). In: Gesammelte Aufsätze zur Wissenschaftslehre. Tübingen [2]1951, S. 578.
[5] (1798–1857), frz. Philosoph.
[6] Weber, a.a.O., S. 589.
[7] Rasch, Wolfdietrich (1981): Aspekte der Literatur um 1900. In: Žmegač (Hrsg.) (1981), S. 20.
[8] Zitiert nach Schwerte, Hans: Deutsche Literatur im Wilhelminischen Zeitalter. In: Žmegač (Hrsg.) (1981), S. 2–17.
[9] Vgl. Kurt Tucholsky: „Märchen" (Mat. 1).
[10] Pickerodt, Gerhard: Hugo von Hofmanntshal. In: Deutsche Dichter. S. 446.
[11] Rasch, Wolfdietrich: Fin de siècle als Ende und Neubeginn. In: Fin de siècle. Bauer (Hrsg.), S. 33.
[12] Dandyismus: gesellschaftliche Erscheinung in der britischen Aristokratie; charakterisiert durch eine gleichgültige überlegene Haltung in jeder Lebenssituation, eine müßiggängerische, absichtlich zur Schau getragene Unmotiviertheit und Ziellosigkeit im Leben. Bereits Baudelaire pflegte diese Lebensweise des materiell unabhängigen Ästheten und definierte den Dandy als „Aristokrat der Seele".
[13] Bahr, Hermann (1981): Die Überwindung des Naturalismus. In: Die deutsche Literatur in Text und Darstellung. Karthaus (Hrsg.), S. 121–126.
[14] Zitiert nach Žmegač u.a. (Hrsg.) (1981), S. 236.
[15] Ebd.
[16] So handelt noch Thomas Manns Roman „Buddenbrooks" vom Untergang eines Geschlechts.
[17] Ver sacrum – dt. Weihefrühling.
[18] Karthaus (Hrsg.), S. 10f.
[19] Ebd., S. 11f.
[20] Ebd., S. 13.
[21] Vgl. Materialien, S. 133.
[22] Vgl. zu diesem Themenkomplex auch „Die Verwandlungen der Venus. Erotische Rhapsodie", a.a.O., S. 57ff.
[23] Kontrafaktur ist die Neutextierung eines bestehenden Liedes. Früher waren zumeist geistliche Lieder als Vorlage für Kontrafakturen beliebt, die dann mit einem weltlichen Text versehen wurden. In dem Beispiel des Gedichtes von Wedekind stimmt der Kreuzreim im Gedicht allerdings nicht mit dem Paarreim des Volksliedes überein.

[24] Zitiert nach Lehnert (1978), S. 64.
[25] Figura etymologica: Redefigur, bei der sich ein Verb mit einem stammverwandten Nomen als Objekt verbindet (z. B. Grube graben).
[26] George, Stefan: „Blaetter für die Kunst". Einleitungen und Merksprüche. Zitiert nach: Theorie des literarischen Jugendstils. Matthes (Hrsg.), S. 121 f.
[27] Brief vom 10. Januar 1892.
[28] Brief vom Mai 1902.
[29] George, Stefan: „Blaetter für die Kunst". Einleitungen und Merksprüche; zitiert nach: Theorie des literarischen Jugendstils, S. 125.
[30] Zitiert nach: Žmegač u. a. (Hrsg.) (1981), S. 239 f.
[31] Zitiert nach: Theorie des literarischen Jugendstils, S. 122 f.
[32] Meines Wissens ist George der einzige deutschsprachige Dichter, der sich mit so vollkommener Ausschließlichkeit dem Gedicht gewidmet hat und, abgesehen von seinen aufsatzartigen und programmatischen Veröffentlichungen, sich nie in einer anderen literarischen Gattung probiert hat.
[33] In: „Das Jahr der Seele".
[34] Zitiert nach: Theorie des literarischen Jugendstils, S. 126.
[35] In: „Das Wort", im Zyklus „Das neue Reich" (1928).
[36] Hofmannsthal (1979 ff.), „Der Prophet", Bd. I., S. 125.
[37] „Zyklus" bezeichnet eine Folge von mehreren in sich geschlossenen Einzelteilen oder -werken, die sich unter einer zentralen Leitidee zu einer größeren Ganzheit zusammenschließen.
[38] Zitiert nach: Theorie des literarischen Jugendstils, S. 169.
[39] Zitiert nach: Ebd., S. 170.
[40] Hofmannsthal weist im „Gespräch über Gedichte" auf die Kühnheit und Schönheit dieser Wendung hin.
[41] Ketelsen, Uwe-K.: Rainer Maria Rilke. In: Deutsche Dichter, S. 468–488 und S. 476.
[42] Ebd., S. 480.
[43] Clemens Heselhaus bevorzugt mit überzeugender Argumentation den Begriff „Kunstgedicht". Vgl. Heselhaus (^{2}1962), S. 114 ff.
[44] Ketelsen, a. a. O., S. 482 f.
[45] Rilke, Rainer Maria: „Die erste Elegie" aus: „Duineser Elegien".
[46] Rilke, Rainer Maria: „Die Aufzeichnungen des Malte Laurids Brigge". In: Rilke (1979 ff.), Bd. III, I, Prosa (1982), S. 110 f.
[47] Heselhaus (^{2}1962), S. 114.
[48] Ketelsen, a. a. O., S. 480.
[49] Heselhaus (^{2}1962), S. 115.
[50] Vgl. hierzu auch das expressionistische Gedicht von Georg Heym, „Der Gott und die Bajadere".
[51] Vgl. zur Bedeutung des Abends Hofmannsthals Gedicht „Ballade des äußeren Lebens".
[52] Arion, Sänger von der Insel Lesbos, um 600 v. Chr. Die Sage überliefert, daß der Sänger Arion auf einer Schiffsfahrt von Tarent nach Korinth von den Matrosen des Schiffes beraubt und ins Meer geworfen werden sollte. Seine letzte Bitte wird ihm gewährt: Er singt und spielt ein Abschiedslied, dann springt er ins Meer. Daraufhin wird er von mehreren Delphinen, die von seinem Gesang so angetan wa-

ren, abwechselnd auf ihrem Rücken an Land getragen. Die Matrosen konnten so nach ihrer Ankunft bestraft werden. Der musikliebende Delphin wurde zum Lohn als Sternbild an den Sternenhimmel versetzt.

[53] Zitiert nach: Theorie des literarischen Jugendstils, S. 168–184.

[54] Siehe Mat. 2.

[55] Zitiert nach: Theorie des literarischen Jugendstils, S. 171.

[56] Hofmannsthal, Hugo von (1979 ff.): „Ad me ipsum", Bd. X (1980): Reden und Aufsätze III, Buch der Freunde, Aufzeichnungen, S. 597–627.

[57] Ebd., S. 610.

[58] Ebd., S. 609. Hofmannsthal zitiert hier selbst eine ältere Textvariante.

[59] Dante Alighieri, 1265–1321, italienischer Dichter. In der „Divina Commedia" stellt Dante in der Form einer Vision seinen christlichen Kosmos in den drei Teilen „Inferno", „Purgatorio" und „Paradiso" dar. Der Text, der von inneren Qualen gesprengt zu werden droht, erhält durch die formale Gestaltung eine hohe Strenge. Das Werk basiert auf antiken und mittelalterlichen Traditionen und Weltbildern und überwindet sie gleichzeitig. Hofmannsthal zeigt auch in anderen Werken die Tendenz, archaische Formen und Gedanken zu adaptieren, so z. B. in seinem Mysterienspiel „Jedermann".

[60] Heselhaus (^{2}1962), S. 119.

[61] Ketelsen, a. a. O., S. 481.

[62] Heselhaus (^{2}1962), S. 120.

[63] Vgl. hierzu die Interpretation zu „Der Panther".

[64] Sibylle, im Altertum Name von etwa 12 weissagenden Frauen. Ausgehend von der Legende, Sybille von Tibur habe Kaiser Augustus die Ankunft Christi geweissagt, werden Sibyllen in die christliche Kunst übernommen.

[65] Hofmannsthal (1979 ff.): „Ad me ipsum", Bd. X (1980), S. 606.

[66] Monismus: philosophische oder religiöse Auffassung, die im Gegensatz zum Dualismus den Bestand oder die Entstehung der Welt aus einem Stoff, einer Substanz oder einem Prinzip erklärt.

[67] Bei Stefan George findet sich hierfür das Bild des Teppichs: „Der Teppich des Lebens".

[68] Hofmannsthal (1979 ff.): „Ad me ipsum", Bd. X (1980), S. 611.

[69] Hofmannsthal (1979 ff.), Aufzeichnungen aus dem Nachlaß 1895, Bd. X (1980), S. 401.

[70] Hofmannsthal (1979 ff.), „Ad me ipsum", Bd. X (1980), S. 605.

[71] „Seim" bezeichnet eine klebrige, zähe Flüssigkeit. In diesem Zusammenhang ist also wohl Blütennektar gemeint.

[72] Der Schwan stellt eines der beliebtesten Motive des Jugendstils, sowohl in der bildenden Kunst wie in der Literatur dar. Dafür waren wohl nicht zuletzt die für dekorative Ornamentik äußerst gut geeigneten Linien und Formen seiner Gestalt ausschlaggebend. Darüber hinaus besitzt der Schwan auch symbolische Bedeutungen, die ihn auch früher schon wiederholt zur Märchenfigur werden ließen.

[73] Zitiert nach: Theorie des literarischen Jugendstils, S. 173.

[74] Auch Thomas Mann läßt in seiner Novelle „Der Tod in Venedig" seine Hauptfigur Gustav Aschenbach den als faszinierend schön und anziehend erlebten Knaben Tadzio in seiner Vorstellung in einen Gott verwandeln.

[75] Schonauer (1960), S. 118.

[76] Dieser Aspekt legt auch einen Vergleich mit Hofmannsthals Gedicht „Vor Tag" in dieser Hinsicht nahe.
[77] Ketelsen, a.a.O., S. 479.
[78] Ebd., S. 485.
[79] Hofmannsthal (1979ff.): „Ad me ipsum", Bd. X (1980), S. 604.
[80] Ebd.
[81] Vgl. mit „Ballade des äußeren Lebens". Bedeutung des Abends.
[82] Hofmannsthal (1979ff.): „Ad me ipsum", Bd. X (1980), S. 600.
[83] In Thomas Manns Novelle „Der Tod in Venedig" findet sich die Bezeichnung „Fremdenfalle" für Venedig.
[84] Zitiert nach Blume, Bernhard: Rilkes „Spätherbst in Venedig". In: Interpretationen, Bd. I, S. 278f.
[85] Ich adaptiere damit einen von dem Komponisten Arnold Schönberg für Erscheinungen der Musik geprägten Begriff, der mir das hier beschriebene Phänomen, das im Grunde jedem kunstvoll gestalteten Gedicht zugrundeliegt, treffend zu bezeichnen scheint.
[86] Rilke, Rainer Maria: „Die Aufzeichnungen des Malte Laurids Brigge". In: Rilke (1979ff.), Bd. III, 1. Prosa (1982), S. 332f.
[87] Friedrich (1985).
[88] Lehnert (1978), S. 8.

Literaturverzeichnis

(Das Literaturverzeichnis kann nur eine begrenzte Auswahl aus der überaus umfangreichen Literatur zum Thema bieten. Die Literaturauswahl erfolgte dem hier gesetzten Rahmen gemäß.)

Werkausgaben

1. Wissenschaftliche und Standardausgaben

Dehmel, Richard (1913): Gesammelte Werke. 3 Bde. Berlin

George, Stefan (1958): Werke. Ausgabe in zwei Bänden. R. Boehringer (Hrsg.). München/Düsseldorf (neu in vier Bänden, München 1983)

George, Stefan (1982ff.): Sämtliche Werke in 18 Bänden. G. P. Landmann (Hrsg.). Stuttgart

Hofmannsthal, Hugo von (1974ff.): Sämtliche Werke. Kritische Ausgabe in 38 Bänden. Veranstaltet vom Freien Deutschen Hochstift. H. O. Burger u.a. (Hrsg.). Frankfurt/Main

Hofmannsthal, Hugo von (1979ff.): Gesammelte Werke in zehn Einzelbänden. B. Schoeller u. R. Hirsch (Hrsg.). Frankfurt/Main: Fischer

Holz, Arno (1961–64): Werke. W. Emrich u. Anita Holz (Hrsg.). 7 Bde. Neuwied/Berlin

Rilke, Rainer Maria (1955ff.): Sämtliche Werke. 6 Bde. Rilke Archiv (Hrsg.). In Verbindung mit Ruth Sieber-Rilke besorgt von E. Zinn. Wiesbaden [Taschenbuch-Ausgabe: Frankfurt/Main: Insel 1987]

Wedekind, Frank (1912–21): Gesammelte Werke. 9 Bde. München/Leipzig

2. Preiswerte (Auswahl-) Ausgaben

Dehmel, Richard (1990): Gedichte. J. Viering (Hrsg.), Stuttgart
George, Stefan (1960): Gedichte. Eine Auswahl. R. Boehringer (Hrsg.). Stuttgart
Holz, Arno (1984): Phantasus. Verkleinerter Faksimiledruck der Erstfassung. G. Schulz (Hrsg.). Bibliographisch ergänzte Ausgabe. Stuttgart
Rilke, Rainer Maria (1975): Gedichte. Eine Auswahl. Mit einem Nachwort von E. Pfeiffer-Belli. Stuttgart
Wedekind, Frank (1989): Gedichte und Lieder. G. Hay (Hrsg.). Stuttgart

3. Anthologien

Lyrik des Jugendstils. J. Hermand (Hrsg.). Stuttgart 1964
Lyrik des Naturalismus. J. Schutte (Hrsg.). Stuttgart 1982
Prosa des Jugendstils. J. Matthes (Hrsg.). Stuttgart 1982

Zur Epoche

Die Berliner Moderne 1885–1914. J. Schutte und P. Sprengel (Hrsg.). Stuttgart 1987
Die deutsche Literatur in Text und Darstellung. Impressionismus, Symbolismus und Jugendstil. U. Karthaus (Hrsg.). Stuttgart 1977
Fin de siècle. Zu Literatur und Kunst der Jahrhundertwende. Roger Bauer u.a. (Hrsg.). Frankfurt/Main 1977
Funkkolleg Jahrhundertwende. Studienbegleitbriefe. Deutsches Institut für Fernstudien an der Universität Tübingen (Hrsg.). Weinheim und Basel 1988
Geschichte der deutschen Lyrik vom Mittelalter bis zur Gegenwart. W. Hinderer (Hrsg.). Stuttgart 1983
Hoffmann, Friedrich G. und Herbert Rösch: Grundlagen, Stile, Gestalten der deutschen Literatur. Eine geschichtliche Darstellung (o.J.). Frankfurt/Main
Jugendstil. Jost Hermand (Hrsg.). Darmstadt 1971
Lehnert, Herbert (1978): Geschichte der deutschen Literatur. Vom Jugendstil zum Impressionismus. Stuttgart (= Geschichte der dt. Literatur v.d. Anfängen b.z. Gegenwart, Bd. V)
Mennemeier, Franz Norbert (1985 und 1988): Literatur der Jahrhundertwende. Europäisch-deutsche Literaturtendenzen 1890–1910. 2 Bde. Bern/Frankfurt/New York
Die Münchner Moderne. Die literarische Szene in der Kunststadt um die Jahrhundertwende. W. Schmitz (Hrsg.). Stuttgart 1990
Musil, Robert (1978): Der Mann ohne Eigenschaften. Reinbek
Rasch, Wolfdietrich (1986): Die literarische Décadence um 1900. München
Schütz, Erhard und Vogt, Jochen u.a. (1977): Einführung in die deutsche Literatur des 20. Jahrhunderts. Bd. 1: Kaiserreich. Opladen
Theorie des literarischen Jugendstils. Matthes (Hrsg.). Stuttgart 1984
Theorie des Naturalismus. Th. Meyer (Hrsg.). Stuttgart 1973
Die Wiener Moderne. Literatur, Kunst und Musik zwischen 1890 und 1910. G. Wunberg (Hrsg.). Stuttgart 1981

Žmegač, Viktor, Zdenko Skreb, Ljerka Sekulic (Hrsg.) (1981): Kleine Geschichte der deutschen Literatur. Von den Anfängen bis zur Gegenwart. Frankfurt/Main
Žmegač, Victor (Hrsg.) (1981): Die deutsche Literatur der Jahrhundertwende. Königstein/Taunus

Zu den einzelnen Dichtern

Deutsche Dichter. Leben und Werk deutschsprachiger Autoren. G. E. Grimm und F. R. Max (Hrsg.) (1989). Bd. 6: Realismus, Naturalismus und Jugendstil. Stuttgart 1989

1. Zu Stefan George

Heftrich, E. (1968): Stefan George. Frankfurt/Main
Schonauer, Franz (1960): Stefan George mit Selbstzeugnissen und Bilddokumenten. Reinbek
Stefan George Kolloqium. Vorträge, Diskussion (1971). Darmstadt
Winkler, Michael (1970): Stefan George. Stuttgart

2. Zu Hugo von Hofmannsthal

Hugo von Hofmannsthal. S. Bauer (Hrsg.). Darmstadt 1968
Volke, Werner (1967): Hofmannsthal mit Selbstzeugnissen und Bilddokumenten. Reinbek

3. Zu Arno Holz

Schulz, Gerhard (1974): Arno Holz. Dilemma eines bürgerlichen Dichterlebens. München

4. Zu Rainer Maria Rilke

Holthusen, Hans-Egon (1958): Rilke mit Selbstzeugnissen und Bilddokumenten. Reinbek
Prater, Donald A. (1989): Ein klingendes Glas. Das Leben Rainer Maria Rilkes. Eine Biographie. Reinbek

5. Zu Frank Wedekind

Seehaus, Günter (1974): Frank Wedekind in Selbstzeugnissen und Bilddokumenten. Reinbek
Vincon, H. (1987): Frank Wedekind. Stuttgart

Interpretationen und Kommentare

1. Kommentare

Morwitz, Ernst (1960–69): Kommentar zum lyrischen Werk Stefan Georges. Nebst Nachträgen. München/Düsseldorf
Stahl, August (1978): Rilke-Kommentar zum lyrischen Werk. Unter Mitarbeit von W. Jost u. R. Marx. München

2. Interpretationen

Die deutsche Lyrik. Form und Geschichte. Interpretationen. Bd. 2: Von der Spätromantik bis zur Gegenwart. Benno von Wiese (Hrsg.). Düsseldorf 1964 [darin u.a. Interpretation zur „Ballade des äußeren Lebens", „Vor Tag"]
Didaktisch-methodische Analysen. Handreichungen für den Lehrer zum Lesebuch Kompass 9. u. 10. Schulj. 1973 [darin Hinweise zu: „Komm in den totgesagten park …", „Herbsttag", „Ballade des äußeren Lebens", „Der Panther"]
Gedichte und Interpretationen V. Vom Naturalismus bis zur Jahrhundertmitte. H. Hartung (Hrsg.). Stuttgart 1983 [darin Interpretationen zu: „Manche freilich …", „Der Arbeitsmann", „Gemahnt dich noch das schöne bildnis …", „Im Thiergarten"]
Interpretationen. Bd. I. J. Schillemeit (Hrsg.). Frankfurt 1965 [darin Interpretationen zu: „Spätherbst in Venedig"]
Interpretationen moderner Lyrik. O. Bohusch (Hrsg.). Frankfurt/Main [10]1971 [darin: Interpretation zu: „Ballade des äußeren Lebens"]
Kaiser, Gerhard (1987): Augenblicke deutscher Lyrik. Gedichte von Martin Luther bis Paul Celan. Interpretiert durch G. Kaiser. Frankfurt/Main [darin Interpretation zu: „Der herr der insel"]
Wege zum Gedicht. R. Hirschenauer u. A. Weber (Hrsg.). München 1962 [darin Interpretationen zu: „Komm in den totgesagten park …", „Ballade des äußeren Lebens"]
Zu Rainer Maria Rilke. Interpretationen. E. Schwarz (Hrsg.). Stuttgart 1983

Ergänzende Literatur

1. Zu Lyrik

Friedrich, Hugo (1985): Die Struktur der modernen Lyrik. Reinbek, erw. Neuausgabe
Gelfert, Hans-Dieter (1990): Wie interpretiert man ein Gedicht? Stuttgart
Hamburger, Michael (1972): Die Dialektik der modernen Lyrik. München
Heselhaus, Clemens ([2]1962): Deutsche Lyrik der Moderne von Nietzsche bis Yvan Goll. Düsseldorf [enthält sehr wichtige Interpretationen zu: George, Hofmannsthal und Rilke!]
Kayser, Wolfgang ([20]1980): Kleine deutsche Versschule. Bern/München
Killy, Walter (1983): Elemente der Lyrik. München
Link, Jürgen (1977): Das lyrische Gedicht als Paradigma des überstrukturierten Textes. In: Funk-Kolleg Literatur 1. H. Brackert und E. Lämmert (Hrsg.). Frankfurt/Main, S. 234–256

2. Allgemein

Braak, Ivo ([6]1980): Poetik in Stichworten. Kiel: Hirt
Killy, Walter (1962): Deutscher Kitsch. Ein Versuch mit Beispielen. Göttingen